先懂孩子，后懂教

王茁琳◎著

北京日报出版社

图书在版编目（CIP）数据

先懂孩子，后懂教 / 王茁琳著 . -- 北京 : 北京日报
出版社 , 2023.3

ISBN 978-7-5477-4440-6

Ⅰ . ①先… Ⅱ . ①王… Ⅲ . ①家庭教育 Ⅳ . ① G78

中国版本图书馆 CIP 数据核字（2022）第 235700 号

先懂孩子，后懂教

出版发行：北京日报出版社

地　　址：北京市东城区东单三条 8-16 号东方广场东配楼四层

邮　　编：100005

电　　话：发行部：（010）65255876

　　　　　　总编室：（010）65252135

印　　刷：香河县宏润印刷有限公司

经　　销：各地新华书店

版　　次：2023 年 3 月第 1 版

　　　　　　2023 年 3 月第 1 次印刷

开　　本：710 毫米 × 1000 毫米　1/16

印　　张：14.5

字　　数：190 千字

定　　价：66.00 元

序言

东汉文字学家许慎在《说文解字》中对"教育"进行了解读,"教,上所施,下所效也""育,养子使作善也"。"教"讲的是广义上的教育,包括家庭教育、学校教育和社会教育,意指施教者通过自己的所作所为给受教者以示范和熏陶,使他们在听其言、观其行中潜移默化地受影响;"育"更侧重于家庭教育,指父母养育孩子的目的是让孩子多做善事,成为善良的人。所以说,真正的教育应该是"上所施",让孩子"下所效",从而"使之作善"。

对家庭而言,父母是孩子成长的启蒙老师,是孩子安全感的源头,是孩子自信心建立的载体,是孩子生命之初最信任的人,是孩子成长环境的提供者和创造者。孩子的性格养成、思维模式、心理状态、人格形成等任何一个维度都脱离不了父母对他们的影响,因而父母无人能够替代。

2018年全国教育大会强调:"家庭是人生的第一所学校,家长是孩子的第一任老师,要给孩子讲好'人生第一课',帮助扣好人生第一粒扣子。"

教育孩子就像染丝,"染于苍则苍,染于黄则黄。所入者变,其色亦变。……故染不可不慎也"。而父母教育就是第一道染序,孩子则是那待染之丝,底色是关键。有学者认为:"初生婴儿从外界获得的影响具有决定性的意义。"这就意味着孩子终身受益的教育就是最初的教育。如果说养育一个崭新的、与众不同的生命是人类最伟大的事业之一，那么父母就是孩子真正的起跑线，也是人类发展薪火相传的第一站，对于一个新生命、一个时代和一个国家，都起着奠基的作用。

任何职业都需要学习，"父母"这个职业也不例外，父母的两大核心任务就是学习与育人。要当好父母，首先，就是要不断学习，而且是终身学习，因为做父母的每一天都是从未经历的、崭新的一天。其次，孩子在不断成长，育人应该是双边活动，父母教育子女，子女时刻在模仿父母成长。教学相长，父母也要不断修正自己成长模式中的错误，在教育孩子中成长。

现状是很多父母都是"无证上岗，无证经营"，没有学习，直接育人。我们必须承认，从读书到结婚生子，大多数人都没有接受过任何与家庭教育有关的理论学习，甚至连如何谈恋爱、如何孕育生命、如何做父母都是"八仙过海，各显神通"。因此，孩子就变成了父母的"实验品"，教育也变成了父母不断试错的过程。有人完全依靠教科书，有人完全依靠成长经验，有人"放养"，有人"圈养"……不一而足。无论采取哪种方式，都是在摸索中前行、在实践中验证。幸运的父母和孩子像中奖一般，而在更多的家庭中，父母用孩子的曲折成长交足了学费。而教育的不可逆性又决定了父母和孩子必须承担不懂教育、错误教育的后果，这在信息技术如此发达的今天是非常让人痛心的。

客观地讲，很多父母都明白：教书的是老师，但育人的一定是父母。只是大多数父母缺少学习，只能采用千篇一律的教育方式，只要"觉得对"，就照单全收、照搬照用。事实上，每个孩子都是独立的个体，环境不同决定了孩子的成长模式不同，也决定了适合他们的方法不同。类似于养花重在养土、养鱼重在养水，父母要为孩子营造健康的家庭环境。如果父母不懂孩子、不能根据孩子的特性为孩子提供适合他们的成长环境，结果就会适得其反，甚至会扭曲孩子的天性。同时，如果父母不懂孩子、不懂因材施教，所有付出不过是教育形式的生搬硬套，就不会带来良好的教育效果。

其实，每一个孩子都如同一粒种子，在阳光、雨露、空气的滋润下慢慢成长。父母能做的就是为这粒种子提供合适的土壤，并在需要时浇水、施肥、去除杂草……同时，父母不能决定开什么花或在哪个季节开花，也无法强求这粒种子是花还是草。如果明明是粒苹果种子，却希望结出梨；或者明明是棵松树，却盼望长成橡树，最终结果就是孩子失去了他们的特质，平庸度过一生。更有甚者，养育孩子的方法不对，不但不能把一棵苹果树培育成材，还有可能使得一粒原本生命力十足的种子夭折，毁掉一生。教育孩子仅有爱是不够的，爱是本能，教是责任，而懂才是智慧。我们不能改变一粒种子的特性，唯一能做的就是尊重它的特性，帮助它顺利地生根发芽，直至长大。

父母何时开始懂孩子，有没有最佳时机呢？这个问题和"教育何时开始"一样，都关乎生命教育。也就是说，孩子生命开始的时候，就是教育开始的最佳时机，也是懂孩子的时候。简而言之，孩子越小的时候开始教育越好，父母越早懂孩子，教育效果也越好。

此书结合本人近30年的教学经验，重在从"懂孩子才是真正地爱孩子，懂孩子才会科学地教孩子"的角度，阐述从哪些维度去懂孩子、怎么做才能懂孩子。父母要懂得成长环境对孩子的各种影响，为孩子创造高质量的成长环境；父母要懂得孩子成长的规律，从而尊重教育之道、因材施教；父母要懂得孩子的四大精神支柱是什么，帮助孩子培养和建立；父母要懂得孩子的情绪表达方式，让孩子成为身心合一之人；父母要懂得家庭教育方式的盲区和沟通方式的雷区，才能及时修正错误、停下不该做的、多做应该做的；父母要懂得孩子独一无二的特质和个性，才能为孩子量体裁衣地制订培养方案；父母要懂得亲子之爱的法则和自身成长的维度，才能遵守系统规则，在学习中成长、在成长中学习。

在先懂孩子后懂教中，因材施教是构建整个家庭幸福的重要目标。帮助父母树立科学的家庭教育理念、改进教养方式、提升家庭教育质量、树立榜样形象，传递力量、传承精神，是我们每一位教育者最伟大的事业。

希望此书能够带给父母和广大教育者一些参考和思路，在教育孩子的道路上尊重规律、少走弯路。当父母能真正地懂孩子、科学地教孩子、智慧地爱孩子时，才能真正体会到"教育方法千千万，不懂孩子太难办"这句话背后的含义，才能真正体会到与孩子一起构建未来的幸福。

感谢让本人动念提笔写此书的王鹏博士，是他的大爱让我愿意用文字来分享和传播；感谢孙一玮副教授，是她的睿智和博学支持我将脑子里的想法落笔成文；感谢苗琳文化资深辅导师王芸轩、张雨涵、李苓和陈燕老师大量的经验分享；感谢罗显环、李清远老师的陪伴和鼓励；感谢王红梅老师分担事务，让我可以静心地完成此书；感谢数万名"先懂孩子后懂教"课程的学员，你们对课程的认可和自身改变，是我撰写此书最大的动力。

一个孩子最大的幸福，就是有为了他的幸福而去改变的父母。

如果读者朋友想同作者进一步交流心得，可通过邮箱：347067876@qq.com 联系。

王茁琳

2022 年 3 月于苏州

目 录

第一章 懂成长环境对孩子的影响

第三章 懂孩子四大精神支柱的建立

第四章　懂孩子的情商培养和情绪管理

第五章　懂家庭教育方式的盲区和沟通的雷区

第六章　懂孩子独一无二的特质和因材施教的方法

第八章　懂子女养育常见问题的解读和解决

第一章
懂成长环境对孩子的影响

第一节　认识生命本质，培育适合孩子茁壮成长的土壤

1. 家庭环境是孩子成长的根基

初来乍到时，每个孩子都是一张白纸，而人是环境的产物，父母是孩子成长环境的提供者和构建者，家庭环境则是孩子成长的根基，对孩子起着至关重要的作用。刚出生的孩子区别并不大，随着时间推移，孩子们却各不相同，基因不同是一方面，更重要的是不同的教育者和家庭环境，它们让孩子长大后表现出不同的行为和气质、价值观和信念。

2. 家庭环境的 4 个层面

家庭环境至少包括以下 4 个层面。

（1）物质环境，指的是家庭成员的吃、穿、住、用、行以及孩子赖以生存的基本物质保障。

（2）精神环境，指的是家庭成员之间精神世界的互动和影响。家庭氛围影响着每一个孩子的成长轨迹。比如，父母非常恩爱的家庭、父母经常吵架或"冷战"的家庭、父母经常不在家的家庭、和老人同住的家庭……家庭成员之间营造的氛围以及传递的感受会影响孩子对世界的判断。在温馨有爱的家庭环境中成长的孩子，自信阳光、充满正能量；而在冷漠吵闹的家庭环境中成长的孩子，自卑又缺乏安全感。

（3）学习环境，指的是家庭为孩子提供的学习和探索的环境。这里的学习是广义的学习，是指孩子的学习力，比如，学习吃喝拉撒睡、坐卧立

行、表达情感、整理归纳、人际交往、照顾自己、文化知识等的能力。这是孩子自主学习、被动学习以及有引导地学习的过程，学习力是否被训练决定了孩子的学习能力以及在面对未知世界、未知事物时的应变及创造能力的强弱。

（4）沟通环境，指的是家庭成员的沟通环境以及家庭成员之间独特鲜活的沟通方式。比如，家人彼此说话的态度和表情、语言的互动方式、肢体的互动方式以及沟通时的氛围。有的家庭成员之间互相尊重，言语、动作之间都在传达对彼此的心疼、爱护和体谅；有的家庭成员之间各不相让、剑拔弩张，互相挑剔攻讦、指责挖苦。孩子在家庭环境中长大成人，学习家庭成员间的沟通方式，逐渐也养成了自己的沟通习惯。这些都决定了孩子如何认知沟通、如何走出家门和世界互动，以及如何用沟通去创建或打造自己的未来。

3. 从条件反射看环境对孩子的影响

人类是通过学习才具有"人类行为"的，包括坐卧立行这些最基本的行为。人类的行为有 3 万多种，需要足够长的时间才能学会，甚至有的人到老都没有学会所有的人类行为，比如终身未婚未育的就没有学会经营婚姻和养育儿女的行为。学习人类行为的过程尤以学习之初最为重要，因为0~6 岁的心理发展将会影响一个人的终生，而 0~6 岁的成长环境决定着孩子的心理发展和认知发展。

19 世纪，俄国科学家巴甫洛夫提出了条件反射理论，这个理论是通过一个实验来说明的。狗在得到食物的时候会分泌唾液，这是不需要学习就有的反应，在这里食物是非条件刺激，分泌唾液是非条件反应。巴甫洛夫在实验中先摇铃再给狗食物，经过多次训练，狗只听到铃声就分泌唾液，在这里铃声是条件刺激，分泌唾液是条件反应。该实验中，食物紧跟着铃声出现的重复训练最终导致狗将食物和铃声联系起来，并使其在听到铃声时分泌唾液，这种由铃声刺激而引起唾液分泌的反应就叫作条件反射。

条件反射是一种具有普遍意义的大脑活动方式，是动物和人类对环境刺激的一种适应性反应。巴甫洛夫认为，学习是建立条件反射的过程，记忆是巩固条件反射的过程。实际上，条件反射是一种典型的联合型学习记忆模式。巴甫洛夫不仅研究了动物的条件反射，还研究了人类的高级神经活动，提出了第二信号系统的概念，首次说明了语言文字对人类的条件刺激作用。

我们所讲的家庭环境，就像实验中的铃铛和食物，而孩子在家庭环境的长期影响下，就会形成对各种家庭环境的条件反射。

马戏团里训练小象有个特殊的方式。在小象出生之后，训象师就把小象拴在一个比较粗的木桩上，而小象的力气不足以挣脱那个木桩。最初，小象会不断地尝试挣脱，因为木桩足够粗，小象的力气远远不够，所以小象只能被牢牢地困在那里。随着时间的推移，小象在多次挣脱无效后，挣脱动作越来越少。此时，训象师又把木桩换成偏细一些的，小象依然会尝试挣脱，但同样会失败，所以它努力的次数继续减少，挣脱的欲望也越来越小，甚至已经没有动力去挣脱了。再过一段时间，训象师再次把木桩换细，这次已经远远不能困住小象，小象只要用力就完全可以挣脱。问题在于，此时的小象早已不是最初被拴在木桩上的状态，它连挣脱行为都没有了，只能乖乖地被木桩上的绳子牢牢地拴在那里。

马戏团训练小象的方式跟巴甫洛夫实验的原理一样，当人或动物在一种模式中习惯之后，就会慢慢接受这种模式的存在，并且把模式内化成生活中的一部分，这也正好说明成长环境对孩子有着重大的影响。

孩子从小所在家庭的主要成员就是父母、爷爷、奶奶、外公、外婆等，他们共处在这个家庭中，可能很多年都不会有太大的改变。这个环境中的孩子就像小象那样，最初可能不适应、不舒服，会去做一些努力和调整，甚至是抗争，但是在长年累月抗争无效的情况下，孩子就会逐渐去适应这个环境，接受这个环境对他们的所有约束、要求和期许。比如家庭中习惯用争吵、打架的方式处理问题，孩子们长大后就容易用同样的方式解决问题。直到最后，孩子有了孩子，再去影响下一代。经常有这种情况，一个人从小被父亲打骂或被母亲指责，他会很反感，发誓长大后不会用这种方式对待自己的孩子，但长大后他还是会像父母当年对待自己一样对待自己的孩子。

　　不同的人生活在不同的家庭环境中，会主动或被动地接受成长环境对自己的影响，成长环境在孩子成长过程中会构建无数的条件反射，所以每一个人生命里都有着原生家庭几十年的烙印，难以消除。

第二节　父母的成长构建了孩子的成长

1. 教人即育己

　　结合上文所述家庭环境对孩子的影响，我们知道，父母除了是家庭环境的提供者和构建者之外，还是孩子最重要的影响者。"以教人者教己"，在孩子成长的过程中，父母的作用无人能替代，父母是孩子的榜样，也是孩子"人类行为"学习中最关键的老师，更是孩子模仿的主要对象。"身教重于言教"，父母本身的影响远胜于用什么方法教育孩子。父母本来秉持何种信念、价值观和行为准则都会影响孩子成为什么样的人。很多时候，父母的态度就是孩子对待这个世界的态度，父母是热情还是冷漠、是灵活还是固执、是勇敢面对还是退缩……都将内化为孩子的内在品质。育儿即育己，父母不能一味地要求孩子，而自己却不能以身作则，父母要对自己有更高的要求，先要完成自身成长，再用完善的自我去构建孩子的成长。

2. 父母人格品质对孩子身心的影响

父母的人格品质对孩子的身心健康具有不可替代的重要作用，尤其是对婴幼儿时期的孩子具有奠基性作用。如果父母人格不健康，即使是按照教科书来养育孩子，都有可能培养出有问题的孩子。父母的人格会在教育孩子的过程中以言传身教的形式传给孩子，所以家庭教育中一直强调父母一定要完成个人的身心成长，如果父母自我成长有欠缺、与家人关系有障碍、无法做好儿女角色，就会在教育孩子上缺少信心和力量。父母是否注重自己的言传身教将会直接影响孩子的身心发展，甚至影响孩子的一生。

身心合一、内在圆满的父母，既可以照顾好自己和家庭、经营好事业，又可以用智慧和科学的方法培养好孩子。身心健康的父母教育长大的孩子会有以下表现：能健康成长，有自信、有力量；有较高的自我评价；有较高的自控力和自律能力；能够公开地谈论自己的感受和情感；能对自己的人生负责，也会关心他人；能够充分开发自己的内在潜能等。

3. 父母的教育方式强化了孩子的认知

父母的教育如同条件反射实验里的铃铛，也如同马戏团里小象的木桩。父母用什么方式去"刺激"和"拴"孩子，决定了孩子会有什么样的反应以及会形成什么样的模式。小时候，我们去医院打针，经历过几次打针的疼痛后，就会产生恐惧，所以，当我们再看见穿白大褂的医生拿着针时，就会立刻将其和疼痛联系起来，然后出现肌肉绷紧、退缩、哭闹等情况。这就是条件反射形成的。

孩子的行为被表扬或被批评，次数多了就会形成条件反射，也会让孩子形成相应认知。比如，母亲让孩子进行"小手拍拍""小手点点""小手抓抓"这样的动作，如果孩子能做到，母亲就会非常开心，并对孩子进行表扬，那么孩子就喜欢重复这样的动作；而孩子小便时不蹲下，尿湿裤子就会被骂，时间久了，孩子会有两种不同的状况：一是学会了蹲下小便；二是会更加频繁地尿裤子，在妈妈的责骂下甚至变得越来越胆怯，尿裤子也越来越频繁。

如果父母在孩子成长的过程中能够使用不间断的、积极的刺激，孩子就会形成一种正向的、积极的行为方式和认知。反之，则是消极的行为方式和错误的认知。持续不间断的条件反射能够沉淀并进入孩子潜意识中，所以在孩子成长过程中，父母要了解自身的言行会给幼小的孩子形成怎样的刺激反应，这种反应有可能是积极正面的，也有可能是消极负面的。因此，父母要有意识地带给孩子正面的刺激，少一些负面的刺激，从而激活孩子更多积极的认知。同时，父母要避免任何不良行为对孩子造成的无形伤害，类似谩骂、侮辱、忽视，这种伤害虽然无法用肉眼识别，但它的杀伤力却是大得惊人。

有很多人一生都没有安全感，总认为周围的人和事是不可信的，回望他们的成长历程，大多都与幼年时父母陪伴的缺失有关系。一个一直在惶恐中长大的孩子，是很难对外界笃定信任的，他们对外界会有一种本能的防御，这自然会影响他们与别人的交往。同理，如果一个孩子在成长关键时期得到的是爱和陪伴，是沉淀在孩子内心坚定的安全感，那么在其长大之后，就会调动出内心的这种安全感，以此来对抗环境中的不安全或人际交往中的不确定因素，变得更自信和从容。

因此，父母的成长构建了孩子的成长，孩子成长的状态也反映了父母自身成长的状态。父母和孩子实际上是彼此的镜子，既能照见对方，又能照见自己。

第三节　人是环境的产物，懂成长环境对孩子产生的影响

1. 父亲的自我模式会对孩子产生影响

父亲作为家庭的顶梁柱，是家中的天、家中的太阳、家中的权威和力量的代表，其角色属于家庭的重中之重，一言一行都会对孩子产生潜移默化的影响。

在孩子成长的过程中，父亲是孩子生命中最想亲近的第一个男性，孩子通过父亲认知到什么是男性。比如，他们看到父亲很自信，自己就很容易拥有自信；反之，孩子就没有成熟的"样板"可以学习，自然也就不容易做到自信。

父亲在男孩的成长中起关键性作用，他既是儿子的榜样，又能给儿子诠释男人的担当和责任。男孩表达爱的方式、做事的风格和人生态度大多是从父亲那里学来的。对于女孩，父亲还是女儿异性价值观的最好参照，父亲给女儿诠释男人的人品，帮助其判断一个男人值不值得托付一生。父亲的陪伴给予女儿情感上的富养，让女儿的志向更高远、思维更理性。可以说，父亲的严谨和力量、表达和行为都是明晰的价值标杆，父亲对男孩责任担当意识的建立以及女孩对男性的正确认识起了关键性的作用。

很多父亲状态不好，这样会给孩子造成比较严重的负面影响。

（1）父亲脾气暴躁，经常对孩子批评、否定和打击，这会导致孩子性

格武断、缺乏自信心，需要不断向别人去证明自己的优秀。

（2）父亲常年不在家或者是心不在家，又或者不大注意和孩子互动，这会导致孩子缺少对父亲真正的了解，不能够客观地认识父亲，也无法从父亲身上获得力量和支持。

（3）父亲在家庭中表现出来的性格偏软弱、缺少阳刚之气，这会导致孩子一遇到困难就退缩，变得不喜欢自己，缺少开创和革新的魄力。此类父亲的背后一般都有一个强势的母亲或祖母，家里"阴盛阳衰"，这是父母需要注意和调整的。

这3种状态的父亲对女孩的影响体现在：首先，她无法完整认知男性，不擅长处理与男性的关系，性格偏男性化，阳刚有余、阴柔不足。如果父亲脾气暴躁，一天到晚非打即骂，女孩心里就会有一口气："你现在这样对我，等我长大了一定怎样怎样"，她的潜意识里想让自己变得更有力量，外在形象也更容易男性化；其次，如果父亲常年不在家或父亲表现得不够有担当，这个女孩就会有"这个家需要我来支撑，爸爸做不到的我要做到"的想法，就会"硬撑"，她会给自己施加压力，不断地承担家庭责任，最后就会变成生活中的"女汉子"，成为比较强势的女性。

这3种状态的父亲对男孩的影响体现在：首先，脾气暴躁的父亲，男孩不喜欢；太软弱的父亲，男孩看不起；不常见面、很有距离感的父亲，男孩不熟悉，这就导致男孩无法从父亲身上获得属于男人的内在力量，对如何成为一个男人不清晰，比如男人是阳刚些好，还是温和些好呢？其次，他们也不擅长处理与女性的亲密关系，外表看似强大，内心实则脆弱。受此类父亲影响的孩子都有个共同点：不自信，永远觉得自己不够好，怕别人说自己不行，喜欢证明自己，爱"硬撑"。

带着这种"不够好"的感觉，总是靠"硬撑"成长起来的人，不但认知有偏差，而且身心也容易出现问题。比如常见的抑郁症、躁狂症以及自卑感强烈的人，都存有"不够好"的思维。

生活中，有些抑郁症患者致病的深层原因就是现实生活中发生的一切，都让他们觉得自己不够好，经常向内攻击自己，内心毫无价值感和喜悦感。如果这种自我攻击时间久了，他们就会感觉自己一无是处，活着也没有任何价值和意义，逐渐失去对生活的热情，严重的还会有明显的自杀倾向。

对于躁狂症患者来说，他们被控制或硬撑，无法真实地做自己，这也导致他们能量过剩、无处释放，平时就会体现在行动变化快、强势、躁动、不擅长沟通、语速快、总抑制不住内心的愤怒、时有暴力倾象或用极端的方式释放内心的压抑等。

而自卑感强烈的人，由于内在力量不足，不能接受和认同自己，经常呈现出卑微软弱、低人一等的状态。

综上所述，父亲决定了孩子的层次。要想做一名合格的父亲，首先，应该成为一个好男人、成为一个成功的男人，好男人看品行和人格修养，成功的男人则需要有一定的经济能力，不一定大富大贵，但要能肩负起家庭的重担、维持家人较体面的生活，要为孩子的教育提供经济来源；其次，要有文化素养，要把人类社会的一些文化知识传承下去，帮助孩子建立知识架构；最后，要具有高尚的品德，做孩子最好的榜样。

2. 母亲的自我模式会对孩子产生影响

俗话说："女人嫁错毁一生，男人娶错毁三代。"可以说，女人是一个家族中的传承者、培养者和教育者，她关系着整个家族中上一代人的幸福、自己这一代人的快乐和下一代人的未来。

母亲对于孩子的影响是其他家庭成员都无法替代的，他们特殊的亲子关系始于婴儿孕育的那一刻，从那一刻起，母亲对生活的态度就已经开始对孩子产生潜移默化的影响了。孩子出生后，母亲很自然地成为孩子生活中第一个启蒙者和行为规范的建立者，随着孩子不断长大，母亲又变成了孩子走向社会的最初引导者。在大多数家庭里，孩子都是与母亲朝夕相处的，母亲对孩子言传身教的时间最长，所以母亲当之无愧是孩子一生中最重要的人，是对孩子待人接物和为人处世影响最大的人。

家庭因为有了母亲，才有了温暖和爱、体贴和关怀以及规矩和习惯，所以孩子都很依赖母亲、很在意与母亲的连接。同时，孩子也很容易受母亲影响，并以母亲的喜怒好恶作为自己为人处世的标准。

母亲对孩子的负面影响主要有以下两种情况。

（1）母亲对孩子过度宠爱，过分满足孩子的依赖，永远以孩子为中心，对孩子百般呵护、悉心照料。这类孩子和母亲的情感非常深厚，觉得母亲是自己生命中最重要的人，他们习惯了母亲陪伴自己，习惯了遇到事情有母亲帮忙打理，更习惯了被照顾和被迁就的感觉。然而，这也导致了孩子害怕孤单、不喜欢独处、独立性不强。比如，上厕所要有人陪、睡觉也要有人陪，做任何事情都需要有人陪伴，有些"妈宝男"就是对母亲过度依赖造成的。当孩子对母亲过度依赖时，就会把母亲看得比其他人更重要，他们在未来的情感关系和婚姻关系中也容易有投射，总想拥有曾经被母亲满足的感觉，这就导致男性不擅长处理与女性的亲密关系，而女性则由于过分依赖母亲而不独立、没有担当。

（2）母亲不允许孩子依赖自己。如果第一种是母亲太过于和孩子腻在一起，那么这种恰恰是母亲与孩子过分生疏，拒绝孩子对自己的依赖。比如，孩子说"妈妈抱抱""妈妈，我要和你一起玩"，母亲会说"去去去，妈妈正忙着呢！去跟爸爸玩，妈妈有事，烦死了"之类的话，这种拒绝会对想亲近母亲的孩子带来伤害，他们会觉得母亲不爱甚至嫌弃、讨厌自己，他们会很委屈，直接陷入伤心难过的情绪之中。等母亲意识到孩子不高兴了，再说"来，让妈妈抱抱""妈妈陪你一块儿玩"时，孩子不是顺势接受妈妈的亲近，而是表现出了"我不要你抱，我不喜欢你抱，我不让你碰我"的反依赖，反依赖最主要的潜台词就是"你之前拒绝抱我，不陪我玩，等你再找我时，我还不要了呢！"于是，孩子内心虽然对母亲有需求，但是其言语上却拒绝或不会表达，行为表现上也不柔软。他们通常不喜欢别人触碰自己的身体、说话硬邦邦、极端且刻薄、缺少余地。这类女孩通常不会做真正的女孩子，她们既不温柔，也不懂得如何去做柔软的女人，更不会也看不惯撒娇示弱；这类男孩通常会情感冷漠，表现在不会讨好别人，不会示弱，更不会说软话哄人开心，自然也不擅长处理与女性的亲密关系，一旦情感出现问题，就容易"冷战"不说话或进行攻击。

因此，母亲对孩子的养育要注意平衡，既不能让孩子过分依赖，又不能拒之于千里之外。最好是在过度满足和拒绝依赖之间找到一个平衡点，让孩子既可以尽情地享受跟母亲在一起的时光，又能够拥有母亲支持下的自我空间，同时还能保持独立和自主。只有如此，孩子才能学会正确地处理与母亲的关系，才能和母亲之间拥有健康的连接，更能拥有一份处理亲密关系的能力。

3. 家庭对孩子的保护会对孩子产生影响

父母对孩子的爱体现在很多方面，但最突出的就是过度在意和过度保护。有位心理学家曾说："爱是一个极度危险的东西，常常导致伤害，并且越相爱越容易导致伤害。"过度地在意和保护孩子就是这样一种危险的爱。

现如今，很多家庭都只有一个或两个孩子，很多父母给予孩子过度的保护，他们完全不相信孩子能独立做好事情。他们对孩子保护有加，真可谓"捧在手里怕摔了，含在嘴里怕化了"。常见的过度在意和保护体现在：

怕孩子冷、怕孩子饿、怕孩子摔着、怕孩子受伤害等。父母在孩子面前不断提示"不能下楼梯，小心摔着""不能摸这个，烫""不能猛跑，小心摔倒"……有的父母甚至对外界环境没有一点安全感，总是怀疑这、怀疑那，比如不准孩子在外面买东西吃，怕不干净；不准孩子和小朋友嬉闹，怕受伤等。

孩子需要保护，这点毋庸置疑，但这个保护要有"度"，过度保护相当于父母剥夺了孩子自由发展的权利，如此一来，孩子什么冒险的事情都不敢做了。同时，父母的过度紧张也会让孩子不敢做真实的自己，甚至觉得做自己是不安全的、是有风险的。他们缺乏安全感、教条、认死理、不灵活、遇事死脑筋，既不肯改变，也害怕发生改变，做任何事情都习惯先规划，不允许、也不愿意接受变化，这样的孩子长大后会比较死板，过度追求稳定感。

父母要有意识地让自己走出过度保护的误区，要相信孩子的能力。只有狠心地撒手，小鹰才能飞得更远，打造出属于自己的一片天地。毕竟随着孩子年龄的增长，他们的自我意识逐渐增强，内心更渴望独立、渴望更多的人生体验。作为智慧的父母，在孩子小的时候就应该经常鼓励："在爸爸妈妈的眼里，你已经是一个能力很强的小大人了，我相信你能把这件事做好的。"同时，父母要给孩子做事的机会，只有行动起来，孩子才能长大，也只有给孩子成长锻炼机会的父母，才能培养出有能力的孩子。

4. 家庭对外在评价的关注会对孩子产生影响

有些父母经常在家庭聚会或者朋友见面时让孩子给大家表演节目，比如当众唱歌、跳舞或背唐诗，既为了让孩子展示才艺，有机会得到锻炼，又能给大家带来欢乐。最重要的是，当"观众"们对孩子赞赏有加时，这些父母还能获得极大的心理满足，甚至感觉孩子被外界夸赞比自己被夸赞更让人骄傲。

　　孩子的天性中有喜欢表演和展示自己的特质，当感受到自己的表演能带来掌声、喝彩声，看到大人开心的表情时，孩子就会有"被看见""被认可"的自豪感，所以很多小孩子也特别喜欢和享受在众人面前展示自己。诚然，每个孩子都是有才艺的，比如画画、唱歌、背唐诗、跳舞等，孩子学会某种才艺后在父母面前展示表演一下，无可厚非，这样还有利于提升孩子的自信心。然而，如果父母把孩子的表演当成炫耀和获得关注认可的资本，就有可能会给孩子带来严重的负面影响。

　　案例：

　　盼盼今年5岁，性格比较内向，平时在家里话还算多，但是在陌生人面前几乎不主动讲话。在奶奶70岁寿筵时，奶奶突然提出让盼盼上台，然后又让她给亲戚朋友们唱一首歌。奶奶还承诺，只要盼盼唱完就给个大红包。盼盼十分紧张，一声不吭地直摇头。而台下的人以为孩子只是紧张，也想让气氛更活跃，就不约而同地一边鼓掌，一边异口同声地喊"来一个"。盼盼还是不肯唱，奶奶只好对众人解释说："这孩子，嗓子特好，在家里唱得可好呢！没想到一到外面就'掉链子'了，这孩子真不懂事，请大家理解啊！"没想到盼盼听奶奶说完后，嘴巴一咧，"哇"的一声哭了。最后场面挺尴尬，因为盼盼不但没有配合奶奶的要求，还在寿筵上哭哭啼啼，让奶奶也有些扫兴，所以奶奶不停地责怪儿子、儿媳妇没把孩子教育好。

　　事后，家里人说起这事，都对奶奶说以后要尊重孩子的想法，因为孩子也已经5岁了，有自己的想法了。奶奶却认为小孩子都喜欢唱唱跳跳，老人们也都喜欢孩子，让小孩子上台表演，既能给老人助兴，又能锻炼孩子，大人脸上也有光，不能什么都顺着孩子。妈妈则坚持认为：强迫孩子在大人面前表演不对，若孩子答应表演还好，若拒绝表演，反而会让众人觉得孩子不懂事，孩子自尊心也会受到打击。奶奶和妈妈各执一词、互不让步。而对那个众目睽睽之下在大家"来一个"的喊声中窘迫无处遁身的盼盼来说，灾难才刚刚开始。打那以后，只要遇到人多或被一群人关注的场合，她就会条件反射性地紧张焦虑、惶恐不安，哭着闹着要马上回家。

现实生活中，这样的例子比比皆是，有的孩子顺应了大人的意愿，上台表演，以期得到大人的夸奖或赞美；有的孩子干脆拒绝，怎么商量都不同意表演，让父母"丢面子"。

如果父母习惯了让孩子在人前"秀自己"，孩子就会沉浸在别人给他们的掌声和认可中，就会越来越渴望这种感觉，而他们自己，也由最初的天性驱动表演，变成了父母"炫"表演、为了掌声和喝彩声表演。长此以往，孩子会过度在意别人的评价和关注，在意掌声和赞美声，虚荣心增强。假如得不到关注，他们就会制造机会让大家"看见"，生活的最大动力也变成了在外在世界中寻求认同感，寻求"大家夸我、赞美我、欣赏我"的机会。

一旦孩子从外在寻找认同又得不到满足，他们便会认为是自己不够好，别人才不喜欢自己、不关注自己、不欣赏自己。他们的自我价值感会变得很低，人也变得退缩、木讷、消极和压抑，长大后遇事很容易抱怨。如果这类孩子的父母对孩子要求高，经常对孩子挑剔指责，孩子就会拼命想达到父母的要求，终其一生都有可能在寻求父母的认可。否则，孩子可能永远都会觉得自己不够好。

孩子在成长的过程中，要想成为一个独立自主的人，前提就是他们需要认识到，无论自己是什么样的，都是独一无二的。阿米尔·汗的电影《地球上的星星》中有句话："孩子，你不需要把所有事都做得跟别人一样好，只需要发现自己最闪光的一面，你就是这个地球上独一无二的一颗星星。"其实，这应该是所有父母经常对孩子说的话。因为如果孩子一直从外在寻找认同，从小就用别人的评价来判断自己是否优秀，慢慢地就养成了习惯，对别人的评价总是信以为真，并形成了潜意识。这样，他们又怎么能发现自己身上的闪光点呢？又怎么能意识到自己是独一无二的呢？

5. 家庭秉持的养育方式会对孩子产生影响

目前，在家庭教育方式上存在两种分化比较严重的大趋势：一种是比较严格的"圈养式"教育，另一种是比较宽松的"放养式"教育。这两种方式各有利弊，对孩子的影响也不同。

比较严格的"圈养式"教育，通常表现在父母对孩子有诸多限制。这类孩子被称为"吓大"的孩子，他们天性胆大勇敢，但从小被父母限制过多，比如，经常说"你如果怎样，我就把你关小黑屋""你如果敢……，我就……"等之类的话，不允许孩子冒险尝试，这就造成了孩子的"阳奉阴违"。他们在人前会表现得很乖很听话、不违背父母的要求，私下里，他们会悄悄地满足自己。比如，他和母亲说"今天我值周，我会晚回家"，其实是放学后去打游戏了，又或者说"学校要我交钱买资料"，其实是去吃平时父母不让吃的垃圾食品了。

这样的孩子长大后表现为：胆小、做事缩手缩脚、"无厘头"的恐惧、社交退缩、不敢坚持主张、压抑，平时没有事情还好，一旦有事，就是大事，情绪爆发时具有摧毁性。

"放养"环境中长大的孩子表现在：一方面，由于父母给予了足够的空间，他们胆大、敢作敢为、喜欢追求刺激；另一方面，孩子十分自我、同理心差、不懂得体恤别人，没有规矩、不服管教、无法无天、非常散漫。"放养"过度，很容易走向"失控"，孩子也很容易因为父母的放任而变得自私自利、为所欲为。

凡事过犹不及，教育也是如此。因此，父母对孩子张弛有度的教育方式就变得特别重要。习惯"放养"孩子的父母，在孩子做错事或有不良习惯时，要及时指正，要让孩子明白可以勇敢，但不可以胆大妄为；而习惯"圈养"孩子的父母，对孩子不能过度约束和限制，要适当对孩子放手，鼓励孩子尝试和冒险，给孩子独立思考、独立生活的空间，让孩子学会自我成长。

6. 家庭表达爱的方式会对孩子产生影响

爱的方式分为无条件的爱和有条件的爱。什么是无条件的爱呢？当孩子来到这个世界上，有的父母会在心里对孩子说："宝贝，无论你以后是健康还是病弱、聪明还是愚笨、听话还是调皮捣蛋、漂亮还是丑陋、学习成绩好还是差，爸爸妈妈都会永远爱你，都会养育你直至你成为独立自主的人。"这就是无条件的爱：仅仅因为你是我的孩子，所以我爱你，和你是什么样的孩子无关。这类父母爱孩子，享受陪伴孩子成长的过程，享受孩子给自己带来的快乐，他们会用尊重、鼓励、欣赏和信任的态度对待孩子。因为有父母的爱在后面支撑："爸妈爱我，接纳我。"孩子的内心拥有取之不尽的力量，不管遇到什么样的事情，都能非常踏实有勇气，能无所畏惧地面对整个世界。

那么，什么是有条件的爱呢？有些父母常挂在口头的"如果不乖，就不喜欢你了""这么淘气真惹人烦""不听话妈妈就不爱你了""你再哭妈妈就不要你了""你怎么把家里弄得这么乱啊？你这样子一点都不像我的孩子"等，这些言语的背后都代表着父母对孩子的爱是有前提条件的：你必须是乖孩子、不淘气、听话，我们才爱你。

在孩子刚出生时，父母会说："只要健康就好！"稍大一些，父母会说："快乐就好！"可是随着孩子慢慢长大，父母的心态和做法却在不断地背离初衷，他们会有意无意地把各种要求放在孩子面前："你必须听话、必须好好学习、必须考个好成绩、必须懂事、必须……""你应该知道，你应该努力，你应该……"如果孩子达不到父母的要求，父母就会训斥，昔日的满足和接纳全然不见。这种有条件的爱会给孩子一种"如果我不……，爸爸妈妈就不会爱我"的感觉。可是孩子们又很在意父母是否爱自己，为了获得父母的爱，即使不情愿，也要努力让自己的行为达到父母的要求，努力让父母满意。他们会以父母的标准为标准，做父母心目中的乖孩子、好孩子。小时候的他们会追着父母问："你真的爱我吗？"而他们也很害怕听到"我不要你了，我不喜欢你了"这样的话。他们无时无刻不在用自己的行为方式来考验父母对自己的爱，"如果我不够好，爸妈还会爱我吗？""如果我不听话，爸妈还会爱我吗？""如果我不懂事，爸妈还会爱我吗？""如果我犯了错误，爸妈还会爱我吗？"……在他们的认知里，父母说对，就是对；父母说错，就是错。这种模式在他们走上社会后会泛化，导致他们非常在意外界对自己的看法，对自己要求很严格，对别人也同样严格，努力追求做到最好、做到完美。

7. 家庭对孩子的陪伴会对孩子产生影响

有句玩笑说："世界上最远的距离，是我在你身边，你却在玩手机。"随着智能手机的普及，人手一机、随时随地当"低头族"成了现代人生活的常态。人们基本习惯了用手机打发时间，不管去哪都随身携带，一天当中接触最多的可能也是手机。估计99%的父母都在孩子面前玩过手机，有些父母还会和年幼的孩子人手一机，各玩各的。正是由于这种现象越来越普遍，才有越来越多的教育专家呼吁：父母要放下手机，多陪陪孩子。

快节奏的生活、手机的"入侵"直接导致父母对孩子陪伴缺失、互动缺乏，尤其是父母都是上班族，白天忙于工作，下班回到家后又被手机吸引，冷落了孩子。有些父母很委屈："我们没有让孩子当留守儿童，也没有把孩子扔给老人，我们每天都和孩子在一起，难道这还不是陪伴吗？"错了，真正的陪伴是"我的人和心都和你在一起"，而不是"我和你在一个空间里"。很多父母自认为的对孩子的陪伴，其实更多的是"看着孩子"，父母和孩子之间没有任何互动，只要孩子乖乖地做自己的事情、不惹是生非，彼此相安无事就行，而这并不是真正意义上的陪伴。

父母不能陪伴孩子会给孩子造成很多负面影响。父母很忙或者兄弟姐妹多，父母对他们的关注会比较少，导致他们大部分时间都是一个人吃、一个人玩、一个人睡，独处的时间大大超过自身年龄可承受的范围。这类孩子会表现得内向、寡言少语、不合群，在人际交往时通常比较被动。缺乏互动的他们会感觉自己很孤单，不喜欢说话，更多的时间是在观察思考，这也间接让他们的学习能力变得很强，变成"什么都明白，什么都不愿意说"的理性观察者。

当今孩子好多没有同龄玩伴，离开学校，大部分孩子都会被关在家里，除了电子产品外，剩下的"玩伴"主要是父母。很多孩子只能寄希望于和父母互动，也就更加渴望父母的关注和陪伴。毫不夸张地说，父母就像孩子的救命稻草，如果能抓住，就可以顺利成长；如果抓不住，孩子童年的精神世界就会非常匮乏。

因此，父母要有意识地学习如何陪伴孩子、如何在忙碌的工作之余创造高质量的陪伴、如何为孩子创造"爸妈属于你"的亲子时间、如何正确投入时间和精力，把花很多时间的"陪着"提升为高品质的用心的"陪伴"。

8. 家庭中权力的使用方式会对孩子产生影响

在很多家庭中，父母在孩子眼里就是权威与压制的代表。这类父母通常认为父母的权威高于一切，凡事以自己的意志为主，不顾及或觉得不需要顾及孩子的想法和感受。

这类父母崇尚权威和信奉传统，教养孩子的过程中简单粗暴，对孩子很严厉，强调孩子要顺从，对孩子的行为有较高要求和标准，甚至不近人情。他们认为只有经过严格的教育，孩子才能有出息、长大后才能有所作为，所以他们经常对孩子提一些不切实际的要求，强迫孩子按照他们的要求去做事，在这过程中会忽略孩子身心发展的特点和规律。

如果父母非常强势，过分强调权威性，有的孩子在被长期操控后，就会不再把父母的要求放在眼里，还会激起对权威的不满和愤懑，比如生活中见到的绝不服软、认错的孩子。这类孩子会牢记被父母苛刻对待的感觉，一旦觉得力量足够时，他们就会开始挑衅父母的权威，甚至和父母反目，让父母不知所措。

还有一类孩子，他们不敢对抗父母的权威，会表现得退缩、焦虑和服从。他们的自我调节能力和适应能力都比较差，不敢轻易尝试，也缺乏抗争意识。长此以往，他们与父母的关系大多"面和心不和"，内心和父母很疏离。长大成人后，他们会极度渴望拥有权力和地位，通过金钱和权力，追求掌控他人和世界的满足感，以此来弥补成长过程中内心的缺失等。

9. 家庭对孩子存在感和价值感的在乎会对孩子产生影响

很多父母都看到过这样的孩子，他们平时与父母在一起的时候比较安静，也很明事理。可是一旦家里来了客人，他们就会一反常态，表现得特别调皮或任性，甚至"人来疯"。他们要么腻在父母身边不肯离开，要么大喊大叫兴奋不已，或者不停地插话打断父母与客人的谈话。

多数情况下，父母会碍于外人在场，让孩子自己到一边玩去，不要打扰大人说话。通常孩子也会有两种回应，要么故意"听不懂、听不到"父母的话，甚至表现出更"不听话"的样子，和父母对抗；要么不得不听从父母的话，沮丧落寞地离开。

之所以孩子会一反常态，是因为他在测试自己在家人心中的位置和存在感。平时家人们在一起的时候，大家的关系是平静、平衡和真实的，哪怕大家都不说话，各干各的。当家里来了客人时，这种平衡就被打破了。

家人会把精力更多地放在客人身上，而忽略了孩子的存在。这时候孩子就会努力创造机会，期待被看见、被关注和被重视。此时，如果父母能够读懂孩子的内心需求，日常生活中就要有意识地营造孩子的价值感和存在感，满足他们的精神需求，让孩子感受到父母对他们的重视和关注，这种一反常态的情况就会逐渐减少直至消失。

除了这种现象外，如果孩子生长在兄弟姐妹多的家庭，从小在被忽视中长大，或者父母太忙没时间关注他们，或者他们是家中的长子、长女，有弟弟妹妹需要他们来照顾……无论哪一种情况，这些被忽视的孩子都特别渴望获得存在感。他们会主动做很多事情去帮助别人，让别人需要他们、觉得离不开他们。这样长大的孩子不懂得拒绝别人，经常为了别人而妥协，也经常忽略自己，一旦不被人需要，就会觉得自己毫无价值。

存在感是安全感和价值感的基础，如果孩子缺乏存在感，他们就会去争取和确认，有时候就会无理取闹或者惹是生非。平时和孩子互动时，父母要尽可能地让每个孩子都有存在感。父母帮助孩子建立存在感的方法有很多，比如，可以让他们参与讨论，私人物品能有单独存放的空间，奖状、奖品的展示，受伤或者受委屈时能及时得到父母的关心、照顾、支持、帮助……这些都可以帮助孩子建立存在感。

第二章
懂孩子成长和成人的规律

第一节　懂孩子心理发展的规律

1. 12 岁前自私是天性

在养育孩子的过程中，我们常常看到父母"把脉不准"，无法确定应该怎样和不同年龄段的孩子打交道。比如，父母试图和两岁的孩子沟通时，想用讲道理的方式说服孩子，可是因为他们不了解这个年龄段孩子的心理发展特征，结果往往收效甚微。

儿童心理发展的年龄特征，是指儿童在每个年龄阶段中形成并表现出来的一般的、典型的和本质的心理特征。儿童心理发展的阶段往往以年龄为标志，同时儿童的生理发展和经验积累也都与年龄段相联系。

从身心成长角度来看，孩子从出生到长大，大概有 3 个成长阶段：0~3 岁、3~7 岁、7~12 岁，这和俗话所说的"三岁看小，七岁看老"也非常吻合。0~12 岁是教育孩子的黄金期，一旦孩子过了 12 岁，他们的很多行为习惯都已形成甚至固化，自主意识越来越强，那时再想通过父母言传身教达到潜移默化的效果就会很难。因此，父母要重点把握 12 岁前孩子的心理发展特点，尊重规律，因势利导。

根据孩子的心理发展规律，可以分为三大阶段：第一个阶段是 12 岁之前，这个阶段孩子心理发展的特点是以自我为中心，凡事以满足自己的欲望和诉求为第一心理需要，所有的行为表现都是自私的；第二个阶段是 12

岁以后至 18 岁之前，这个阶段孩子开始变得无私，而这种无私是增进关系的工具，是为了自我需求的满足，简而言之就是属于自私倾向的无私；第三个阶段则是成人之后，孩子开始发展出大爱和慈悲，这才是真正意义上的无私。

12 岁之前，孩子处于寻找和塑造"自我"的过程，他们以自我为中心，以自我的舒适和满足为主，追求的是"自我"的开心和快乐，即使能够简单地理解和体谅成人世界的辛苦、艰难或者奉献等，他们心理的内核依然是"我是最重要的""我的感受、想法都需要被看见、被关注"，这种"自私"的表现，恰恰就是这个年龄段孩子的心理特质，也是孩子们成人后能否具有"自我"的必经过程。很多父母关注的是孩子行为的"自我"，认为孩子心里只想到自己、只关心自己、只在乎自己，却看不到父母的付出、不体谅父母的辛苦、不能像"乌鸦反哺"般对待父母。父母忽略了"先成为自己"本就是孩子心理发展的规律所在，没有"我"，又何谈"别人"。孩子的自私想法和行为就像拼图一样，单独看每一块都是不完整的，只有拼完才知道，每一块都不可或缺，每一块都有其存在的意义。

因此，父母要能理解和接受孩子在不同年龄段有不同的心理诉求，蹲下来去平视孩子，去看见那个在世界上东碰西撞、不知所措的孩子，去感受他们不知道自己是谁、不知道怎么做才是对的、不知道未来会怎么样的惶恐的心，去理解他们不断"索取"背后渴望被满足的安全感，去体会他们焦灼不安的生存危机……只有这样，父母们才不会再认为孩子太自私，而会理解为"他 / 她只是想好好活下来，成为一个能照顾好自己的人"。如果孩子的心理需求经常不被满足，他们的心理发展就会受阻，他们的"自我"也会因受损而残缺，甚至还会有阴影和创伤，如同很多童年不开心、不快乐的人，会让自己一辈子都活在童年的阴影中，无法释怀。

2. 12 岁后开始拥有自私倾向的无私

12 岁以后，孩子的认知和思维都有了质的提升，他们已经具备了生活自理的能力，也具备了应对生活琐事的基本能力，他们不再凡事依赖父母去安排和解决，不再执着于别人必须满足自己。他们已经拥有了一定的安全感和自信心，不再惧怕无法照顾自己，更不惧怕无法生存下去。此时，和同龄人的关系成为他们成长中最重要的关系。比如，如何与同龄人和谐相处，如何通过和同龄人的关系去满足自己内心的需要，让自己有心事时有人倾听、有困难时有人帮助、有吃喝玩乐需求时有人同行……他们开始思考并探索用怎样的方式可以获得自己想要的东西，这个阶段就是心理发展的第二个阶段，表现为以满足自我需求为目的的"自私倾向"的无私。比如，他们想交朋友，会通过送礼物或主动帮助对方的方式，甚至拿出自己的一些心爱之物，让对方愿意和他们交往；又如，他们想让成绩好的同学帮忙辅导功课，就会改变自己的一些习惯，让对方心甘情愿地帮助他们。在这个过程中，孩子们学会了给予和付出，同时在这个过程中，他们也会收到对方的支持和帮助，就这样一次又一次在现实生活中摸索，如此良性循环。孩子们的出发点虽然还是源于满足自己的欲望和诉求，但他们也有越来越多"以自私为倾向"的无私行为，久而久之，他们会懂得付出、懂得奉献、懂得理解、懂得感谢，而彼此间的付出和索取也一直在不断地平衡中。这个过程产生了"自私"第二个阶段的变化，也就是由"自私倾向"的付出慢慢变得无私。

3. 成人后的无私

心理发展第三个阶段是真正意义上的无私，是人类没有回报需求的给予，无所欲求，只是单纯地给予，这是真正的大爱，也是真正的情怀。我们必须知道，这种大爱和情怀并不是每个人都能具有，这是一个人在内在修炼足够、对整个世界和宇宙有了更高维度的认知和理解后，才能够真正达到的状态。

对于孩子们来说，当他们穿越了第一阶段"身无片甲"必须依靠外界才能让自己活下来的童年后，终于能安身立命。当他们用付出和奉献获得了亲情和友情时，在第二阶段拥有了能力、魄力和智慧，同时他们也拥有了"我本具足"的安全感和自信心。在第三阶段他们的视角和关注点开始从"我"到"别人"，再到"世界"。他们已经在第二阶段做到了独善其身，有精力和能力去实现更大的梦想、去悲天悯人、去兼济天下、去完成过去从来不敢去想的使命。此时的他们已经不再是单一的"我"，而是已经把自己和世界融为一体，不分彼此。这时，他们的心理状态才是真正的无私。当然，真正只付出、不求回报的境界，只有上升到圣人阶段才有可能达到，大千世界，芸芸众生，绝大多数都是以第二阶段为主，伴随着一部分第三阶段的状态。

孩子的心理发展是有规律的，也是需要过程的，父母只有理解这个发展过程，才是真正有智慧的人。

第二节 懂孩子行为发展的规律

1."长大"不等于"成人"

有人认为："一个孩子刚出生的时候是 0 岁，他不是一个完整意义上的人，只有通过人类的教育，才能成为一个真正意义上的人。"也就是说，一个孩子刚出生的时候什么都不懂，只具备生理上的特征而不具备人类的思维和行为特征。

比如，一个孩子刚出生，我们把他放在猴子生长的环境中他就会变成"小猴子"，把他放在狼生长的环境中他就会变成"狼孩"。同时，一旦孩子被环境塑造，后期就很难将其改变。调查研究显示：让"狼孩"回到人类社会一例成功的案例都没有。这说明一旦孩子形成了"狼孩"特征，哪怕通过人类后天再教育，也难以恢复人类特质。因此，刚出生的孩子还不是真正意义上的人，而是小动物，他们带着原始的纯粹慢慢吸收环境中的一切成长因素，从而让自己成长，最后长大成人。那么他们怎么才能成人呢？很简单，只需要把他们放到人的环境当中，而不是放到狼群或猴群这类环境中，然后再教给他们人类的行为，他们通过后天的学习，就可以长大成人。

这里有两个重要的概念，即"长大"和"成人"。"长大"是生理层面的，而"成人"是思维和行为层面的，只有二者都具备，才是一个真正意义上的"人"。现实中，生理年龄长大了却尚未"成人"的人大有人在，不成熟、幼稚不就是专门评价那些年龄不小、表现却让人大跌眼镜的成年人的吗？

所谓"成人"，不仅仅是具备人类的行为习惯，还要具备人的属性。第一，要具有社会属性。要想成为一个真正合格的社会人，就要具有人的社会属性。一个人只要在正常的成长环境中长大，25岁之前基本能学会绝大多数人类行为，从而成为真正意义上的社会人。同时，他们的优秀程度、成人心理和思维的完善程度会有所不同，这是纵向发展。第二，除了具有社会属性外，还要具有生理属性、精神属性和心理属性。比如，身体是否健康？精神是否愉悦？内心是否富足？这是横向发展。成人需要同时兼顾纵向发展和横向发展，缺一不可。

2. 人类行为的学习是必经之路

什么叫人类行为呢？就是作为一个健全成熟的人能够具备的所有行为。出门穿衣服是不是人类行为？早上起床刷牙是不是人类行为？感激别人说"谢谢"是不是人类行为？伤害了别人说"对不起"是不是人类行为？见到跟自己父亲同龄的人叫"叔叔"，见到和母亲差不多年龄的人叫"阿姨"，是不是人类行为？是的，这些都是人类行为。同时，像读书学习、结婚生子、工作创业等，这些也都是人类行为。

人类行为大概有 3 万种，正常人要想把 3 万种人类行为学完，除了有心理疾病的人外，通常至少需要 25 年。所以，年轻的父母如果有可能，应该尽可能地让孩子多和家里的老人接触互动，毕竟上一代人心智成熟，见多识广，人生阅历丰富，"吃过的盐比孩子吃过的米都多"，人类行为早已经内化成了习惯，他们对孩子会产生相对成熟的影响和帮助。

根据上述分析，25 岁之后成人只是一个基本条件。假设把一个孩子放到孤岛上，同时也有人在陪他，但是没有教育制度和教育标准，到 25 岁时，他的人类行为和今天在现代生活中学到的人类行为也会有本质的不同。孤岛和每个原生家庭类似，不同的环境中父母会给予不同的教育，包括不同城市的教育文化都会对一个孩子的成人状态产生影响。

参加过同学聚会的父母应该会有这样的感触：上学的时候，某同学人见人烦，属于典型的不良少年，多年之后再次相见却像变了个人，待人接物彬彬有礼。之所以会有这样大的变化，是因为在上学阶段，这个同学可能还没长大成人，心智还不成熟也不懂得尊重别人，很多年后，人类行为他都学会了，他也就"成人"了，这也是顺理成章的事。

这也值得父母借鉴和参考，如果孩子在年幼时不尊重父母，或者表现出种种不合父母心意的行为，父母不要太过计较。因为孩子还在学习人类行为的过程中，还处于成长的阶段，还没达到"成人"的标准。父母不仅要理解、尊重和包容孩子，还要去引导和教会孩子学会相应的人类行为。毕竟父母已经长大成人（当然，也有例外），父母想要教育好孩子，自己必须先长大成人。

孩子从一张白纸成长为具备人类属性的成人，就是孩子行为发展的规律。这个过程不仅需要父母为其提供合适的成长环境、创造足够多的学习机会，还要让孩子能主动全面地学习到不同年龄阶段的人类行为，直到他长大成人。

第三节　懂孩子心智发展的规律

1. 教育的重要目标是提升孩子的自我价值

自我价值是心理学的一个重要概念，是指一个人对自我存在价值的内在评价，带有很多主观情感的成分。一个人的自我价值是在其成长过程中逐渐建立起来的，包括自信、自尊和自爱。

在学校教育中，让孩子从小发现和认同自我价值是心理健康培养的重要方面。现在的"无形"就是将来的"有形"，从幼儿园到小学，再到中学，这项教育贯穿始终。在马斯洛人类需求金字塔中，尊重这一需求处于第四层，高于生理需求、安全需求、归属需求，仅仅处在最高层需求"自我实现"之下，可见其多么重要。

　　教育的重要目标是提升孩子的自我价值，而不是降低孩子的自我价值。教育要让每一个孩子都觉得自己是有价值的人，自我价值低是不恰当比较带来的后果。

　　每个孩子在刚刚出生的时候自我价值都是满分，随着年龄的增长，由于成长环境的不同以及每个家庭对孩子自信、自尊和自爱培养的不同，孩子的自我价值就有了明显的区别。个体心理学创始人阿德勒在《自卑与超越》中不断强调："人，生而自卑"，人从出生之后自我价值就不断降低，原因有二：第一，孩子在童年成长过程中认识到一个事实，那就是他们费尽所有力气都做不到的事情，父母和老师却可以轻而易举地做到，这样一比较孩子的自我价值就降低了；第二，父母在教育过程中的否定与不接纳。这两个原因导致了孩子的自我价值越来越低。

　　自我价值缺失的人，会有 3 种典型特征：第一种是抬高自己，就是自以为是却永远没有自信，抬高自己本身就是一个人自我价值不足的表现，也就是通常所说的外强中干；第二种是贬低别人，就是总是想办法打压别人，习惯性地贬低那些比自己优秀的人；第三种是贪便宜、占好处，这类人总觉得自己拥有的还不够，总想占别人便宜。

　　如果自我价值满分是 100 分，那么当一个人自我价值低于 50 分的时候，他们会觉得不被尊重、不被爱，就会产生社交退缩，开始有自闭倾向；当一个人自我价值低于 30 分的时候，他们会严重缺乏自信，就会极度自卑；当自我价值为 0 分的时候，他们会觉得自己一无是处，就会有自杀倾向；当自我价值低于 0 分的时候，他们会自暴自弃，就会有伤害他人和毁灭世界的倾向。

　　据相关统计，父母从事这两种职业的孩子容易幸福感不高，一种是老师，一种是法律工作者。做老师的父母有个特点，就是我教你什么就是什么，他们习惯在孩子面前保持其权威性，同时还会拿孩子和自己班上优秀的学生做比较。毕竟不管这个老师教哪个班级，这个班级总会有三两个优秀的孩子，他们回到家会本能地拿自己的孩子和这些优秀的孩子比，"你看我们班级谁谁谁……"而做法律工作的父母则会时时纠错、裁判，他们总喜欢用社会小混混的表现来评价孩子，结果孩子越被评价自我价值越低。当然，这只是一种说法，也并不是说从事这两种职业的父母教育不好孩子，而是需要父母做好家庭教育角色的扮演和转变。

有一个校园案例，女生，单亲家庭，长相和学习成绩都不好，还经常帮同学打架，老师做了一件事情，让全班同学投票决定要不要继续留她在班级，结果全班投票的结果是"不要"，第二天她就跳楼自杀了。

长得难看、学习不好又是单亲家庭，她的自我价值会很低，但是她的自我生存本能促使她需要把她最后一点存在的价值体现出来，于是她选择了帮别人打架，而老师通过投票的方式让她仅剩的自我价值也被剥夺了，而自我价值降到 0 分的她放弃了自己的生命。

自我价值是一个人生命活力的源泉，想要生命有活力一定要有自我价值存在。自我价值越高的人不是越来越疯狂，而是越来越有活力，虽然有的人外在看似很内敛，但其生命力非常旺盛，那也是活力的一种表征。

那么，如何帮助孩子建立自我价值呢？

（1）父母要给孩子足够的肯定和认可。孩子在不断被肯定和认同的体验里，内心会生出强大的力量，会建立"我可以"的信念，从而强化孩子对自己的认知，最后产生自我认同。

（2）父母要培养孩子"言必信，行必果"的诚信品质，让孩子做个信守承诺的人。"言必信，行必果"是帮孩子建立自我价值的良好途径。父母要从小培养孩子的自律性，让他们说话算数、重诚信、重承诺，要么不说，说了就要去做，并且全力以赴。孩子通过一次又一次的做到，获得自我的认可、他人的尊重以及自我价值的提升。

（3）父母要鼓励孩子量力而行，不逞强、不硬撑。虽然培养孩子"言必信，行必果"的诚信品质很重要，但同时也要让孩子知道，有些事情要量力而行。不是所有的孩子都确切地理解自己能做什么或不能做什么，作为父母，要帮助孩子去做甄别，让孩子从小学会：我能做到的我要做到最好，而不是勉强自己去做做不到的事情。过去有句话说："有条件要做，没条件创造条件也要去做。"其实，这句话是相对而言的，人无完人，每个人都有力所不逮的地方，承认自己做不到也是一种自信的表现。因此，父母要让孩子从小学会量力而行，当孩子把自己能力范围内的事情做好时，就会建立自信和自我价值。

2. 自我身份及建立自我身份的 3 个角度

父母帮助孩子建立自我价值，是让孩子有足够的自信心，让他们觉得自己足够棒，知道什么事该做、什么事不该做。在这个基础上，父母还要让孩子有清晰的自我身份认同。什么是身份呢？假如把人比喻为一颗钻石，钻石本身就是这个人的身份，同时钻石又由不同的面组成，每一个面就是这个人在生活中扮演的各个角色。自我身份清晰的人在任何时候内心都有一个"我"，且都有很明确的身份定位，比如此时是领导、彼时是朋友、回家是丈夫等，他们会根据场合和人群来定位自己，并按照当时的身份做好自己。

让孩子建立自我身份，需要从 3 个哲学方面的问题入手。

（1）要让孩子从小就知道"我是谁"。

很多孩子从小就知道"我是妈妈的宝宝""我是爷爷奶奶的孙子"，却不知道自己是一个怎样的孩子，自己喜欢什么、想做什么以及需要什么。

在心理学上，这种现象被称作自我概念清晰度缺乏，也就是说孩子对自我没有一个准确、稳定的了解，自我画像不清晰。

孩子小时候都知道自己是父母的孩子，却未必清晰"我和心里的我应该是怎样的关系"。如果父母很少强调或者没有让孩子认识到自己是独立的个体，再加上父母比较权威、孩子过分顺从，孩子就不容易认清"我是谁"。他们不敢有自己的情绪和思想，不敢坚持"我是谁"的身份，甚至像"隐形人"一样失去了自我。

反之，如果父母过于溺爱，孩子则会放纵自己，他们会有一种错误的认识，会以为"我可以随意左右和控制他人"，从而过分放大自我，不懂得尊重他人。

家庭中，当父母和孩子都是独立的个体时，他们才会彼此接受和尊重，关系才能长久。

（2）要让孩子知道"我从哪里来"。

孩子到了一定年龄会追问"我是从哪里来的"，对于这个问题，一部分父母会含糊地回答，一部分父母会随便找个说法搪塞过去，还有一部分父母则会清晰地让孩子知道他究竟是从哪里来的。正确的回答是什么呢？就是面对孩子提出的问题时，父母要能够以严肃认真的态度告诉孩子，他是父母爱情的结晶、是父母的希望，从而让孩子感受到生命的神圣和高贵，感受父母创造生命时的爱和痛。当孩子了解了自己"从何而来"的这个过程，他们就会有被尊重的喜悦感，从而从内心完全认同自己的身份。

如果父母非常草率地回答孩子："你是从石头里面蹦出来的"，或者"你是从垃圾堆里面捡来的"，就会让孩子产生曾被抛弃的感觉，觉得自己没有价值。他们会因此缺少生命的归属感，并有强烈的不安全感，也不会珍惜自己的身体和生命。

如果父母对孩子缺少正确的引导和教育，让孩子觉得"是父母决定生了我，和我没有多大关系"，他们就会对生命不珍惜，并且对给予他们生命的父母也不尊重。他们不认为自己是承载着家庭美好的希望和未来的一个独立个体，也无法感受到生命的神圣感和对父母血缘关系的爱。当他们生活不快乐、受到欺辱或人生艰难的时候，他们会把原因归咎于父母，甚至迁怒于父母，会对父母说："谁让你们当初生了我，我又不想来，你们为什么要把我生下来？""我把命还给你们"……这类绝情的话。

因此，父母要认真对待"我从哪里来"的问题，让孩子从小就清晰地知道答案，学会尊重和爱惜自己的生命，学会尊重给予生命的父亲和母亲，懂得珍惜与父母的缘份。

（3）让孩子明白"我要到哪里去"，明白自己要过怎样的生活、未来的人生是怎样的。

人类因为梦想而伟大，研究表明：人一旦确立了使命感，就更容易树立远大志向，并朝着目标努力，周围环境的变化都将变得不太重要，考上什么样的大学、找到什么样的工作、出国还是考研等，这些都不再是很大的问题。一个人的使命感将会帮助他跨过一切障碍，朝着一个方向走去。不管途中遇到什么，最终他一定会到达那里。

因此，父母从小要让孩子清晰地知道他们要过怎样的人生，他们需要为自己的人生做怎样的规划、负什么样的责任，他们才是自己命运蓝图的描绘者和设计师。

父母从小就要让孩子知道哪些事情需要父母帮助、哪些事情他们需要自己去选择并对自己负责。比如学习，很多父母喜欢陪读或帮助孩子做很多与学习有关的事情。久而久之，孩子就会觉得学习是父母的事情，他们甚至觉得是在为父母学习。在这种情况下，我们很难让孩子明白学习对他们的意义和作用是什么，他们又如何为自己的学习负起责任呢?

当一个孩子有足够的自我价值和清晰的自我身份时，这个孩子才能成为生理年龄和心理年龄同步的人，未来才能成为一个心智成熟且有智慧的人。

第四节　懂孩子成才的规律

一个人的人生目标无非是成人与成才，同时，孩子成人的过程也是成才的过程。孩子从 3 岁开始一直到 25 岁，几乎所有的时间都是在学习，学做人、学做事、学知识、学技能……既长大成人，也长大成才，因而家庭教育、义务教育和社会教育伴随着孩子成长的每一个环节。

任何一个孩子的学习都必须经历 3 个过程，这也是孩子成才的规律：激发兴趣，启动原动力；提供支持，鼓励允许；确定目标，专业化训练。我们把这 3 个过程称为"孩子成才三部曲"。

1. 激发兴趣，启动原动力

现在比较流行 7 岁之前对儿童进行多元智能教育，在孩子 0~7 岁这个阶段，大脑的智能开发直接决定了他后天展现出来的智力水平，包括他的语言智能、空间智能、数学智能等，孩子的早期智能后天难以再弥补，不是因为孩子先天没有，而是因为 0~7 岁这个对他的智能开发的最佳阶段已经过去了。因此，父母要有一个认知：每个孩子都具备天才的大脑，只是有的得到了开发，有的没有而已。

要想让孩子成才，父母就需要把握时机、需要掌握"成才三部曲"，只要善于发现和正确引导，孩子天然的学习大脑就会被开发到最佳。具体怎么做呢？下文一一展开。

激发兴趣、启动原动力就是让"功能"发挥作用，让"潜能"浮出水面，是"挖掘潜能、激发潜能"的过程。想要启动原动力，就要先认同人类的大脑具备强大潜力，尤其是 10 岁之前的孩子，他们的大脑具备天然的学习功能。比如，当下智能手机的功能非常多，想让某个功能发挥其应用价值，就必须先完成激活。想用蓝牙需要激活，注册邮箱需要激活，玩游戏下载软件也需要激活。如果不激活，只是有功能，就无法应用，更无法发挥其实际应用价值。孩子的大脑也是这样，潜能是巨大的，但想要这个能力实现应用价值，就要先完成激发兴趣的动作。

案例一：

在一个小山村里，有个小女孩有着极强的舞蹈天赋，但是她从来没有看过任何演出，她的潜力与天赋一直都处于未知和抑制的状态。有一天，一个艺术团到这个村来演出，小女孩第一次到现场看了演出，她发现她很喜欢舞台上的舞蹈，有些动作她会有意无意地也跟着去做，舞台效果给了她极强的震撼。回到家里，她开始模仿舞蹈演员在台上表演的样子，每天对着镜子跳，她发现自己跳得越来越好看，潜藏在她体内的艺术天赋被激活了，孩子内心想成为舞蹈家的梦想被激发，原动力被启动了。

案例二：

电影《放牛班的春天》里，一群被贴上"坏孩子"标签的孩子在没有遇到音乐老师马修先生之前，他们都是校长眼里的"坏蛋"，常常被关禁闭，每个孩子都成了"问题孩子"。当马修先生把这些孩子组织起来成立了一个乐队时，他看到了每个孩子清澈的眼睛和纯洁的心灵，甚至看到一个拥有"天籁"般嗓音的孩子，通过他的努力，最终这个孩子进入真正的音乐学院学习。这就是一种激发兴趣，启动原动力的表现。

那么，激发孩子潜能的方式是什么呢？就是给予孩子感觉，给予孩子满足和美好的感觉。就像女生喜欢帅的男老师上课，男生喜欢漂亮的女老师上课一样，这也是一种美好感觉。上学时，孩子们之所以不喜欢刻板的老师，而喜欢风趣幽默的老师，是因为听这样的老师讲课心里的感受好。

美好感觉能够给人带来喜悦和满足，也带来憧憬和向往，让人陶醉其中。要想激活孩子的潜能，父母就要有意识地去创造这种美好感觉，让孩子喜欢和享受，从而拥有自驱力，这就开启了孩子潜能激发的第一步。比如，带着孩子亲子共读，让孩子体验到图文的魅力、感受到故事背后的美，这是对孩子阅读力的激活；带孩子外出旅游，看各地风景、领略大自然的"鬼斧神工"，让孩子体验不同的人文环境、自然之美，这是对孩子自然、地理认识的激活；和孩子一起看一部好电影，通过电影中传达的信息，让孩子感知什么是美、什么是丑、什么是感动，这是对孩子情商和情感的激发和原动力的启动。

在激发孩子美好感觉的过程中，成人也能收获不一样的感觉，一种开启孩子也开启自己的美好体验，在陪伴孩子成长的同时，也是自己成长的过程，不仅能激活孩子的学习脑，也是对成人教育的激活。

2.提供支持，鼓励允许

激发兴趣、启动原动力是激发孩子潜能，让孩子想去做、愿意做的第一步，也是主动学习的第一步。当孩子对某个领域产生兴趣时，离不开所在环境的支持、鼓励和允许。这里所说的支持，既包括物质上的支持，也包括精神上的支持，是为了让孩子在"被启动"的领域里有更多的允许和机会、有更多的支持和保障。它并不一定是父母拼尽全力送他出国，也不一定是砸锅卖铁买一处学区房，而是把父母对孩子满满的爱和深深的情用对孩子最有益的方式传递给孩子，让孩子在成长的路上因为有了这份爱意和深情而不惧风雨、勇敢前行。

比如前面的例子，有跳舞天赋的小女孩对父母说："我喜欢跳舞，我要学跳舞。"支持的父母会说："很好啊！爸妈相信你一定可以，你这么有天赋，如果学习的时候也努力，一定能学好。"这个孩子就会得到环境支持。不支持的父母则会说："跳什么跳，跳舞能当饭吃吗？把你的学习搞好就行了，别想那些没用的。"当父母不支持的时候，孩子缺少训练的环境，即便跳舞的潜能被激活了，也还是会被抑制，最终还是不了了之。

在孩子上小学之前，许多父母还能根据孩子的天赋和兴趣，为孩子的发展提供相应的支持。上小学之后，父母的关注点都聚焦在学习上，孩子的分数牵动着父母的每一根神经，尤其是到了小学高年级，孩子的各种兴趣爱好就都得让位于学习了。学习好，一切都好；学习不好，其他免谈。被激发了潜能的孩子，因为缺少环境的支持，美好的感觉无法得到升华，久而久之，也就沉寂了；而被激发后得到环境支持的孩子，他们通过后期的系统性训练，最终会走上成才、"成家"之路。

一名从小双目失明的男孩特别喜欢钢琴，一听到钢琴的声音就情不自禁地被吸引了。他十几年来坚持练琴，赢得无数国内外大奖，这些成绩的取得都离不开他母亲的悉心鼓励。作为幕后英雄，她付出了比普通父母更多的心血。早在男孩3岁时，他就表现出对音乐的浓厚兴趣（孩子的潜能被激发），孩子的母亲便暗暗发誓，无论付出多大的代价，她都要成全孩子的快乐。当时，国内很少有人卖盲谱，为了让孩子学琴，她每天早上四五点就起床，亲手给孩子刻盲谱。男孩一开始学的是电子琴，后来听到音乐家弹钢琴的声音，在电子琴已经获得金奖的情况下，他决定改弹钢琴。他的母亲尊重他的决定，带他赴北京寻找钢琴老师，即使被40多个老师拒绝，她也依然不放弃。最终，他们打动了北京爱心组织的志愿者，男孩这才上了盲校，从此有了自己的钢琴老师。10多年来，男孩坚持着他的梦想，而他的母亲则支持着他的坚持。

因此，当一个孩子的原动力被启动后，还要有家人的鼓励和支持。无数天才、无数在专业领域做出成绩的人，他们无一不是得益于家人的支持。父母的鼓励和支持对孩子来说就是一颗定心丸，因而请父母们做孩子梦想的坚定拥护者，给孩子们营造一个支持的环境，这样他们就有了探索世界的铠甲！

3. 确定目标，专业化训练

激发了梦想，再给予环境支持，最后还需要确定目标，进行专业化的训练，才能真正让孩子学有所获、学有所成。

专业化的训练不是让孩子靠死记硬背考出高分，而是根据孩子的兴趣爱好进行有目的、有计划、有步骤的培养和提高。

在印度电影《摔跤吧！爸爸》里，男主人公即父亲为了让两个女儿坚持学习摔跤，制订了一整套严格的训练方案，哪怕孩子反抗过、抱怨过，父亲依然用他爱孩子的方式去成全女儿们自由的人生，最终把两个孩子培养成了国际摔跤手。

专业化训练的基本思路是：设立目标—分解目标—做计划—行动—总结提高。不管是让孩子完成某个目标，还是想要帮助孩子养成某个习惯，或者让孩子掌握某个才艺，都是按照这个思路来做的。技术类的专业化训练可以交给专业的老师和机构，同时父母的陪伴和支持也是必不可少的。

能为孩子创造专业化训练机会的父母，他们不仅懂得孩子，还能支持和帮助孩子。他们会先了解孩子，看看训练方式是否适合孩子。例如，孩子一般如何学习、学习方法是否适合、课程特色在哪里等。从设立目标到做计划，再到行动，最后到总结，整个过程父母都会引导孩子全程参与，并且分享感受。孩子知道设立目标及实现目标的底层逻辑路线，多经历几次练习，他们就能够独立面对目标，并且尝试去实现。不管怎样，从设立目标到实现目标，父母的陪伴支持及引导至关重要。

先激发兴趣、启动原动力，再给予环境支持、鼓励允许，最后确定目标，同时进行专业化训练，并持之以恒，孩子成才只是时间早晚问题，而这个过程也是锻炼孩子心智、让其成熟的过程。

第五节　懂孩子能力培养的4个步骤

我们都知道，能力是需要培养的，也是需要综合很多因素才能具备的。任何能力都是建立在无数次行动基础上的，行动是能力培养的桥梁。让孩子愿意去体验、愿意去行动，就有机会让孩子拥有相应的能力，因为体验能满足孩子的情感需要，最终达到一个目标。当孩子把体验的感受内化成习惯，这个习惯慢慢就会变成能力。

比如，孩子很会玩耍，他就能有玩耍的能力；会表达，就能有表达的能力；人际交往很好，就能有人际交往的能力；喜欢思考，就能有思辨的能力；喜欢绘画，就能有绘画的能力；喜欢演讲，就能有演讲的能力。当所有的体验重复的次数足够多的时候，就会变成一种能力。所以说，能力的培养需要一个过程，常规方法有以下4步。

（1）让孩子有感觉。感觉就是"愿意去试，有兴趣"，就是被激活。越小的孩子对未知世界的好奇心越强，想去尝试和体验的动力就越强。当这份感觉被激发时，就像潜能被激活了一样，他们就愿意做下一步，想去尝试。

（2）让孩子敢尝试。当他们有了尝试欲望的时候，父母要给他们环境支持，鼓励孩子"你去做吧"，他们就会充满信心地去"体验"。

（3）让孩子深入体验。当孩子在父母的鼓励下有了尝试的勇气，并放手去体验后，孩子会在体验中收获感受。每一次深入的体验都可以让他们把这份感受夯实得更牢固，孩子会将习得的这份真实感受变成经验。

（4）让孩子收获能力。当他们体验了多次之后，他们就具备了能力。比如，在孩子小时候，他们尝试着穿衣服、穿鞋子，结果可能是衣服前后穿反了，鞋子左右穿错了……直到有一天，他们学会了正确的穿法。这是因为他们体验了很多次，而这份体验最后内化成了他们自己穿衣服、穿鞋子的能力。

第六节　懂激发孩子主动行动的五步法

既然能力培养的核心在于行动，那行动的过程就是历练的过程。那么，如何让孩子有信心参与各种历练呢？父母有没有可参照的引导方法或步骤呢？"经典五步法"可以激发孩子主动行动。

当孩子决定去完成或想去尝试某种体验的时候，父母可以用经典五步法去引导他们行动，尤其是在孩子比较小、尚需父母保护和支持的时候。一旦孩子能掌握这种方法，不仅其学习力会提升，重复和优化行动的过程也会成为个人经验，为己所用。就像骑自行车一样，多年前通过反复训练学会了，纵使很多年未骑，经验和能力都还是在的。

1. 我说你听

当孩子跟父母说自己想要干什么的时候，父母要给他们说做事的过程和方法，即告诉孩子怎么做。父母要确保孩子听明白，然后让孩子自己去体验。父母描述并让孩子听明白的过程，就是"我说你听"。

2. 你说我听

这是第一步的延伸，是让孩子重复一遍刚才听到的内容，听听孩子是否理解和明白。孩子能复述清楚，说明已经理解了、懂了；如果孩子讲得不是很准确或清晰，父母可以及时进行纠正，再让孩子复述，以确保孩子完全理解。

3. 我做你看

为了让孩子学会如何去做，父母可以做一些示范，比如出去玩、爬台阶、到游乐场去玩某些设施或者去买一些东西，父母做给孩子看，便于孩子跟着模仿。以到商场选购东西为例，"我做你看"就是父母要让孩子看到怎么把商品拿下来、怎么放回去、怎么样推车、怎么样付费……父母用现场示范的方式让孩子了解正确或方便的做法是什么。尤其是婴幼儿时期的教育，"我做你看"是婴幼儿早期学习人类行为的基本模式，属于模仿加复制，往往能让孩子记忆深刻并容易学会，长期训练对孩子观察能力、动手能力的培养和自信心的建立都是非常重要的。

4. 你做我看

当父母把怎么做的过程示范完毕后，父母需要让孩子按照示范重复操作一遍给他们看。有了前面父母的"我做你看"，孩子只需凭借观察、理解和记忆去重复，而父母则在旁评估孩子做得是否正确、是否安全。同样，如果孩子有做得不到位或不规范的地方，父母就要及时进行纠正，让孩子再次重复，以确保孩子完全学会了如何去做。

5. 你去做吧

当孩子能够顺利地完成以上四步时，孩子就有信心去做，并且会积极主动去做，一旦付诸行动，就可以获得更多的成就感和满足感，而父母也可以完全放心地放手让孩子去做。

当然，以上五步，父母是引导者，孩子是学习者，特别适合于孩子很小或者要做的事情完全没有经验和方法的时候。如果孩子已经有了一定的思考能力，父母更多的是做支持者和教练，这时候就可以把这五步法里的角色互换：第一步，孩子说给父母听；第二步，父母重复听到的，澄清孩子表达的意思，必要时进行提问、补充和完善；第三步，孩子示范给父母看；第四步，父母重复示范步骤，同时凭借之前的观察和自身经验，提出意见或可行性建议，以供孩子完善；第五步，同上。孩子通过陈述和示范，父母通过补充和完善，双方达成共识，孩子更有信心，父母彻底放心，在这个过程中，父母更像是孩子的教练。

激发孩子主动行动的五步法是在父母高质量的影响和引导之下循序渐进完成的。父母可以完全放心，因为孩子是否理解、是否会做都是提前确认的，并在可控范围内。此外，孩子会非常开心，因为他们在父母的引导和训练下，已经提前对要做的事情心中有数、胸有成竹，既不会误打误撞地去做，也不会束手无策、不知所措。如此，无论是对学习，还是对成长，孩子们都会在有限的范围内获得最大的收获和提升。

这些方法既适用于教育孩子，同样也适用于管理员工或指导别人做事情，这是一个从不会到会、从没有信心到有信心的过程。同时，教育孩子的过程是父母接受再教育的过程，也是同孩子一起学习成长的过程。

第七节　懂指导孩子能力突破的经典六问

孩子的能力需要自己不断尝试体验和行动才能拥有，父母不能越俎代庖。作为父母，能做些什么去支持和帮助孩子呢？以下是指导孩子能力提升和突破的"经典六问"，可以最大限度地启动孩子的意愿、激活孩子的潜能，让孩子从"想要"变成"一定要"，从"想想而已"变成"马上行动"。

1. 你想拥有什么能力？

这个问法也可以是：你想拥有哪些能力？你欠缺什么能力？你需要什么能力？如果孩子比较小，不懂什么是能力，父母可以用更简单的问法，让孩子回答"是或不是""对或不对"，比如，你是不是希望老师喜欢你啊？

通过孩子的回答，父母可以归纳出孩子可能想要的是表达的能力或者

45

人际交往的能力等。

2. 你为什么想拥有这个能力?

这个问法也可以是: 假如你拥有了这个能力后, 你会怎样呢? 是什么原因让你想拥有这个能力呢? 这个能力能给你带来什么呢?

当孩子明确了想拥有什么能力, 作为父母, 第一件事情就是和孩子确认这样想的原因和理由。父母在这个过程中只需要做一个聆听者和陪伴者, 既不用做裁判, 也不用争论原因对不对, 更不用去分析孩子的理由是否成立。父母只是通过这个方式让孩子从更多角度去思考和探索、去澄清具体的理由, 明确自己想拥有这个能力的原因是什么, 为什么对自己那么重要以及如果拥有该能力后能给自己带来哪些好处等。孩子的理由越充分, 行动力就会越强, 意愿度就会越高, 就会为之努力并且心甘情愿。这个过程其实是在头脑层面去激活孩子的原动力, 激励孩子持续不断地为目标去行动。

3. 你之前为什么没有这个能力?

这个问法也可以是: 目前有哪些不足和困难让你无法拥有这个能力? 是什么原因让你没有这个能力? 为了拥有这个能力, 可能会有什么风险和代价?

这个问题主要是帮助孩子梳理难点, 比如孩子有哪些障碍、有哪些困难、会有什么风险和代价, 父母要让孩子学会权衡、分析利弊, 清楚了解这些问题如果不解决他们将很难拥有想要的能力。梳理得越清晰, 解决起来就越有针对性, 也越容易解决。

4. 你凭借什么去获得这个能力?

这个问法也可以是: 如果要拥有这个能力, 你必须要有什么优势、本事或有哪些支持及资源?

这个问题是让孩子看清自己身上的优势, 明确自己可以得到的支持、可以整合的资源。想得越周到，做的时候越踏实，越容易达到预期的效果，从而让自己对拥有这个能力充满信心。

5. 你接下来计划怎么去做?

这个问法也可以是：你要怎么做才能拥有这个能力？你的行动计划或方案是什么？

这个问题是帮助孩子把想法落实到行动计划中，让想法变得可执行、可落地。比如，孩子要梳理清楚怎么克服困难，怎么发挥优势；又如，做了会怎样，要承受什么、面对什么、接受什么；再如，怎么按照时间一天、一周、一月地去执行行动计划。这一部分是最花费时间和精力的，也是最需要落实到细节的。分析的过程是让孩子对事情做客观评估的过程，是让他们为自己的行为负责任的过程，也是他们最后能够接受结果的过程。梳理完毕，问题一目了然，拥有能力指日可待。

6. 你需要我们怎么支持你?

这个问法可以是：你需要我们做些什么？你需要我和家里人怎么配合你？你还需要外界的哪些支持和帮助？

这个问题是让孩子梳理清楚要什么、为什么和怎么做之后，知道父母会全心全意地支持他们，还能获得来自父母的陪伴和助威，让他们对想要的能力更有信心。

当孩子付诸行动后，如果能拥有想要的能力，他们会觉得自己很棒，会更愿意去突破和挑战，也能更有自信心和独立性，而这一切，最终都会内化成他们的能力。

以上六问可以应用在指导孩子的方方面面，无论是孩子完成目标、提升能力，还是解决困难，都可以用这六问逐一澄清，直到孩子清晰明确，从单一的想法变成一个具体可行的方案，并落实到每一天的行动中。

第八节　懂孩子一生必备的五大基本能力

一个人在社会上立足，就必须要和这个世界打交道，这就离不开生存必备的五大技能：一是观察能力，让人们看清世界的真相；二是聆听能力，让人们听懂世界的声音；三是问询能力，让人们学会换位思考、设身处地为别人着想；四是表达能力，让人们的想法变成语言、互相交流；五是感受能力，让人们心与心在一起、同频共振。这 5 种能力是一个人安身立命的基本能力，对于父母和孩子来说，都是必不可少的。在此，我们重点针对孩子来展开。

1. 观察能力及培养要点

观察能力，是指孩子们用眼睛看世界的能力，这个能力决定了孩子们能否全面看到、客观看清和深入看懂，也决定了孩子成人后的"内视觉"能力水平。就像观察一盆植物，它的叶子是否发亮？土壤是否湿润？是否需要晒太阳？植物本身虽未讲话，但却能告诉人们它需要什么。观察是教育的重要部分，时时存在、连绵不断。

观察能帮助孩子了解自己处在什么样的环境里，了解周围人在做什么，大家的需求是什么以及他自己需要做些什么、改变些什么。观察是婴幼儿时期的孩子和世界互动的最主要方式，他们通过观察灯光明暗，观察大人的面部表情、坐姿、手势以及说话时的肢体动作这些非语言信息做出判断，然后再用表情、动作和声音进行回应。而这些非语言信息是沟通中非常重要的信息，非语言的身体动作、表情比语言更真实，它们很大程度上决定了沟通的效果。观察可以让孩子去了解身边的每个人，也能让他们真正懂得每个人。

父母要在孩子婴幼儿时期有意识地训练孩子的观察能力，色彩、形状、图形等都是有效方式。同时，父母还要在陪伴孩子的过程中去引导孩子观察，直到他们学会细致入微地观察。父母要让孩子知道他们要观察些什么、观察到了什么、遗漏了什么以及观察到的一切在传递什么样的信息等。而要做到这一切，就需要父母自己先具备观察能力。

下面是一对母子的互动：孩子正在专注地看着手里的漫画书，母亲一会儿递给孩子剥好的橘子、一会儿递瓶酸奶……孩子开始是发出"哎……呀……"的声音，母亲却没有察觉到孩子的不耐烦，继续要求孩子吃她递过来的东西。孩子先是脸上显露出讨厌妈妈的表情，再到用手臂挡开，最后说了一句："妈妈，我不吃，别老打扰我，好吗？"

这个孩子从语言的"软反抗"到身体的"硬反抗"，以此来抗议妈妈接二连三的骚扰。母亲太过于专注自己的想法，却没有看到孩子真正的需要，她只顾着付出"母爱的关怀"，却忽略了对孩子的观察且不自知。

如果一个母亲在日常生活中就这样"视而不见"，说明其自身并不擅长观察，自己没有的，当然也没办法给到孩子，孩子的慧眼就很难被她开启。

观察能力的培养仅仅只有观察是不够的，父母还要在孩子学会观察之后，引导孩子做出回顾和反思。比如，孩子观察到小区楼下有很多车，这是"看见"；父母引导孩子继续观察，孩子看到这些车里有好几辆警车，这是"观察重点"；过了一会儿，孩子发现有一个人被带上了警车，之后警车离开，这是"观察细节"；父母继续引导，孩子发现一楼的王奶奶坐在地上大哭，很多人围着王奶奶，孩子猜想带走的人可能和王奶奶家有关系，这是"观察后的联想"。这个观察的过程，孩子眼到、心到，他不仅仅是看见，还得看清楚、看明白，更要能看出问题所在。只有类似这样的训练，才能称得上是能力培养，否则只是使用了眼睛看见的功能而已。而父母和孩子在这期间的互动，就是完成教育的过程。如此良性循环，孩子感受到的是父母有智慧的爱，父母也可以目睹孩子观察能力的提升。

2. 聆听能力及培养维度

沟通中最可贵的品质和最有效的方法莫过于聆听，有句话这样形容聆听的重要性——最好的语言是倾听，聆听作为一种能力，是沟通中最快的敲门砖。

聆听，不仅仅是听声音，还要听语气、听语速……也就是说，一个人有好的听力，并不等于有聆听能力。聆听能力的培养，不仅需要人们具备一定的修养，要有耐心和感同身受的能力，还要有逻辑性和敏锐思考的能力，同时还要有语言组织和表达能力，如此才是真正的聆听。《少有人走的路》的作者斯科特·派克对聆听的价值进行过探讨，他说："如果我们聆听孩子的专注程度和认真态度，就像听一位伟大的演讲家演讲一样，就等于赠予了孩子一件珍贵的礼物。"聆听之于亲子关系如此重要，对孩子也一样重要。

孩子们如果在很小的时候就能学会聆听、知道聆听的重要性，就等于拥有了聆听的能力，直接给他们带来的价值，就是他们用聆听的方式获得了来自外界对他们的接受、尊重和爱。

试想一个人，能用心聆听对方的语言，能走进对方的内心世界，能听懂对方的情绪，能听到对方的感受和需求，并能给予对方有质量的回馈与支持，无形中就传递出了一种尊重和爱的感觉。"爱出者爱返"，聆听者也一定会被更多人同样尊重和爱。

聆听能力的培养渗透在家庭生活中的方方面面。首先，聆听者要有聆听的意愿。现在好多家庭中都有这样的现象：父母擅长给孩子讲道理，孩子一听父母说教就反感；而孩子和父母说话时，父母也没有专注地听，久而久之，孩子就不愿意和父母沟通。这就是彼此聆听出现了问题。其次，很少有父母会反向思考。孩子为什么不听话？父母有认真听孩子说话吗？如果没有，又凭什么抱怨孩子不听话呢？父母不愿意花精力和时间倾听孩子，孩子又有什么理由必须听父母的话呢？毕竟孩子也是独立的个体，他们有属于自己的感受和意志，而不是父母感受和意志的附属品。

聆听能力的培养，需要从以下 4 个维度切入。

（1）要有聆听的意愿：愿意敞开心扉，耐心聆听对方。

（2）要掌握聆听的角度：听语言文字、听语音语调、听语速快慢、听信念价值观、听"话外之音"、听周围环境的其他声音等。

（3）要提升聆听的层次：力求拥有第三层次聆听的水平。

①第一层次的聆听——选择式聆听，只听想听的。

②第二层次的聆听——复读机式聆听，只听对方所说的。

③第三层次的聆听——摄像机式聆听，既包含第一层次和第二层次的聆听，还包括对环境、对其他人信息的聆听以及自己的思考和分析等。

（4）要掌握聆听过程中的技巧。

①聆听过程中要使用非语言方式关注对方。比如，保持目光接触以及注视、微笑、点头、抚摸等表情动作的使用。

②聆听过程中要专注，尽量不要打断对方说话。比如，尽量不要一边做着其他事一边听或者一边听一边四处张望等，更不要急于表达自己的想

法，这样容易打断对方说话的思路，甚至可能让对方从表达过程中被迫抽离出来。

③聆听后要给予对方回应。比如，重复对方的话，概述对方的意思，"你刚才说的是不是……"澄清对方某句话的意思或者感性回应、表达共情，让对方知道自己所说是被对方认真聆听的。

孩子在成长的过程中会遇到很多挫折和困难，也会呈现出非常多的情绪表现，而父母能做的就是倾听。这个过程既是父母聆听孩子内心的过程，也是"身教"如何聆听的过程。相信父母只要能够按照以上4个维度去做，孩子就可以通过父母的榜样示范，学习到如何去聆听，并且会内化到自己的生活习惯中，直到成为一种能力。

3.问询能力及培养

刚开学的小女孩眼巴巴地等待着母亲来接她，当看到母亲来了，嘴巴嘟着很委屈的样子。母亲故意忽略孩子的表情，微笑着问："你今天遇到了哪些有趣的事情呢？"小女孩便开始滔滔不绝地跟妈妈描述：如何在老师的帮助下解决了一个难题，如何跟同学们一起堆了个小雪人……其实，孩子本来打算抱着母亲大哭一场，还要跟她说永远也不要上学的事。只因为母亲的一句话，她的情绪立即发生180度大转变。这个事例说明，聆听很重要，问询也很重要。

我们习惯的沟通是你说我听、我说你听，这个过程中其实缺少了一个很重要的环节，就是"问询"，也就是用发问的方式去确认、去澄清、去让对方说更多话、去了解更多的资讯、去引导对方深入地思考……很多亲子关系出现问题，不是听和说出了问题，而是都想当然地认为听懂了对方在说什么，也想当然地认为对方能够听懂自己想说的，殊不知有时候"差之毫厘，谬以千里"。比如，我们买东西时经常听到有人说"好贵啊"，这

3个字一看就明白、意思一听也能懂，但是很多人可能都没有深入思考过，这个"好贵啊"，是这家和其他家相比好贵？是这个产品好贵？是和自己的预算相比好贵？还是和自己以为的价格相比好贵？……不问不知道，一问吓一跳，这3个字居然能有这么多可能性，如果没问明白，乌龙事件及偏差都是无法避免的。

对孩子来说，问询能力的培养和聆听及观察能力的培养一样，越早越好。

那么，父母怎么去培养孩子的问询能力呢？

（1）多创造让孩子开口表达的机会，让孩子体验到被聆听的美好、体验到表达的畅快感。当孩子对表达后的美好感觉和印象足够深，他们就能够推己及人，用同样的方式去与人沟通。比如，为了让其他人也如父母一样对待他们，他们就会充满耐心地去问询对方，去主动创造让对方开口表达的机会，也会去满足对方倾诉和表达的需要，让对方也获得被聆听的舒心感或表达后的畅快感。如此，对方就会更愿意与他们交流，关系建立也就更容易和快捷。

（2）让孩子学会多种问询的方式。

①澄清式发问，就是"用语言澄清语言"。

比如上面所说的"好贵啊"，又比如同学之间的"我不喜欢你"。澄清式发问就是要问清楚"不喜欢什么"。是不喜欢这个人？不喜欢这个人的说话方式？不喜欢这个人的性格？不喜欢这个人的行为表现？不喜欢这个人的穿着打扮？还是……？再比如"你说话不算数"，澄清式发问就是问清楚哪次说话不算数？说什么话不算数？一直说话不算数吗？还是……？

②开放式发问，就是提出比较宽泛和比较概括的问题，不严格限制回答的内容，以让对方有自由发挥的余地。

比如，孩子说："妈妈，今天我不想去跳舞了。"用开放式发问的方式进行对话：

母亲："你为什么不想去跳舞啊？"

孩子："因为老师太凶了。"

母亲："所以你不是不想去跳舞，是不想老师凶你，对吗？"

孩子："嗯。"

母亲："老师为什么对你这么凶呢？"

孩子："因为昨天我不认真练习。"

母亲："那你怎么做老师才会不凶你呢？"

孩子："我认真练习老师就不凶我了。"

母亲："你认真练习，老师就不凶你了，那老师会喜欢你吗？"

孩子："会的，老师喜欢认真练习的孩子。"

母亲："你想让老师喜欢吗？"

孩子："想，妈妈，我想认真练习跳舞，让老师喜欢我。"

在这个过程中，母亲并没有给孩子任何建议，所有的导向性回答都是孩子自己说的，最后也是孩子自己对事情做的决定。

以上是母亲用开放式发问引导孩子，同样，父母可以教孩子使用这样的方式去和其他人互动，逐渐把问询变成自己的一种能力。

③封闭式发问。封闭式发问用在确认事实上比较多。

比如，这个问题现在清不清楚？今天过来还是明天过来？这件事情是今天做还是明天做？

（3）问询过程需要环境和非语言信息的配合。问询既是探询需求的最好方式，也是搜集信息最有效的工具。在问询的过程中，父母要营造一种较为宽松的环境，让孩子在自然的状态中表达，并且要避免目的性太强、太直接，否则会引起孩子的反感和防御。同时，在这个过程中，父母还要根据孩子的性格、爱好和志向去展开问询，更需要眼神、表情和动作的配合，这个能力需要百炼才能成钢。

4. 表达能力及其重要性

沟通的品质决定了教育的品质，表达能力的强弱对于孩子一生的方方面面都有重要的影响。关于多种表达方式的运用以及表达能力的提升方法，有太多人、太多理论都在讲，本书不做赘述。父母要反思的是，为什么学了那么多"怎么说"，现实生活中被孩子一怼、被孩子拒之门外、被孩子沉默对待时，竟然无言以对或不知所措。其实，不是父母表达能力不强，也不是不知道该说什么，只是因为他们不懂孩子。当孩子的表现非同常理或与教科书上讲的不同时，父母就没有了应对的具体角度，最终满肚子的话不知道从何说起。因此，我们需要培养孩子的表达能力，不能仅仅认为孩子口才好就足够了，还要有合理的表达方式。

5. 感受能力及培养

感受能力是一个人内在世界和外在世界互动的能力，也是一个孩子是否能做到身心合一的能力。如果孩子从小和外界隔离，没有机会去关注或不允许去关注，孩子的情感世界就是残缺的，性格就是冷漠无情的。这样的孩子无法成为一个有血有肉的人，更无法感同身受去理解人世间的各种情感。因此，要给孩子提供和外界接触的机会。

有人的世界，就有温暖和爱，就有关怀和支持，而这一切都要源于丰富的情感和情绪的表达。没有共同体验就没有共同感受，所以自我的情绪感受体验就变得非常重要。只有这样，才能培养出感受能力，才能成为一个高情商的人。

针对如何提升孩子感同身受能力的部分，我在下一章关于孩子的情商部分，会有针对性的讲解，在此，侧重说说如何去训练孩子的感受力。

（1）引导孩子关注自己的五感，也就是视觉、听觉、味觉、嗅觉和触觉。父母要有意识地引导孩子去感受：好不好看？好不好听？好不好吃？好不好闻？舒不舒服？通过这些生活细节的体验和感受，去训练孩子关注自己的感受，提升感觉的敏锐度。

（2）引导孩子去分享自己真实的情绪感受。比如兴奋、喜悦、轻松、满足、讨厌、害怕等。无论孩子的情绪感受是积极的还是消极的，都不重要，重要的是孩子在体验这些情绪、在理解和感受这些情绪对身心的影响。

当孩子能够和感觉在一起时，感受就会越来越敏锐；当孩子有丰富的情绪感受体验时，就能由衷地理解自己的情绪感受，才能够换位思考，去理解别人的情绪感受。如果再辅之以情商的提高，假以时日，孩子一定会有非常强的感受能力。

第三章
懂孩子四大精神支柱的建立

安全感、依恋关系、自信心、行为规范的界限是孩子健康成长的四大精神支柱，按照孩子成长的时间线，四大精神支柱缺一不可。孩子们完成长大成人这一人生大事的过程，也是逐步拥有四大精神支柱的过程。

父母是孩子四大精神支柱的建造者和维护者。传统教育虽有四书五经和家族家风，但当今很多父母都缺少文化教育和家庭教育的熏陶。假如父母不主动学习成长、不去改变和提升自己，只是"凭感觉"和"我认为"去教育孩子，最后的结果可能会出现虽然孩子长大了，但是却不愿意和父母沟通、看不起父母，更有甚者用语言和行动侮辱、伤害父母；还有的婚姻不幸福、事业不顺利，以"受害者"的姿态一辈子活在父母教育偏差造成的阴影中，痛苦不堪。因为孩子的教育具有不可逆性，等出了问题，"船到江心补漏迟"，父母再去学习和改变时，由于过去的模式已经固化，影响已经造成，而且随着孩子年龄的增长，他们变得越来越有主见，所以父母还有没有能力影响到他们都是未知数。所以说人生的任何成功，都抵不过教育孩子的失败，再次深深致敬那些在孩子还小、自己还年轻、一切还来得及时，懂得主动学习成长的父母！

第一节　安全感

1. 什么是安全感?

先来谈谈安全感，人类可以说是这个世界上最缺乏安全感的动物，而且人类的奋斗大多都是为了获得安全感。安全感是孩子的基本需求，会影响到孩子以后的身心健康成长。安全感也是孩子身体、情绪和认知发展的基础，没有安全感，其他的一切都好比空中楼阁，也许看上去很不错，但却缺乏根基，不堪一击。而作为孩子安全感源头的父母，创造安全的环境，传递适度的安全感，就是父母给予孩子最宝贵的礼物。马斯洛认为，安全感是决定心理健康最重要的因素之一，甚至可以被看作是心理健康的同义词。

20 世纪 50 年代末，美国心理学家哈利·哈洛和他的同事们做了恒河猴实验。他们把刚出生的婴猴放进一个隔离的笼子中养育，并用两个假猴子替代真母猴。这两个替代猴分别是用铁丝和绒布做的，实验者在"铁丝母猴"胸前还特别安置了一个可以提供奶水的橡皮奶头。按哈洛的说法，一个是柔软、温暖的母亲，一个是有着无限耐心、可以 24 小时提供奶水的母亲。刚开始，婴猴喜欢和"铁丝母猴"待在一起，但没过几天，令人惊讶的事情发生了：婴猴只在饥饿的时候才到"铁丝母猴"那里喝几口奶水，更多的时候都是与"绒布母猴"待在一起。婴猴在遭到不熟悉的物体（如一只木制的大蜘蛛）的威胁时，会跑到"绒布母猴"身边，并紧紧抱住它，似乎"绒布母猴"会给婴猴更多的安全感。恒河猴实验表明：安全感才是孩子对父母最大的需求！

那么，什么是安全感呢？安全感指对他人是否值得信任以及面对事情时个人掌控感的判断。对于孩子来说，就是对世界、对人的基本信任，孩子最初的安全感来自抚养者。抚养者主要是母亲，她们对孩子需求的反应必须是及时的、可靠的，并且始终如一，孩子才会觉得是安全的。

当然，安全感不仅仅来自母亲懂得恰当地给孩子爱，还包括她能够及时教给孩子适当的规则。只有在这个时候，孩子才会认为这个世界是安全的、可靠的和善良的，且是值得信任的。而孩子也能在母亲规则的要求下，开始建立自我规范，从而建立起对自己的基本信任。只有有了这两个基本信任，孩子才能拥有安全感。

拥有安全感的孩子会怀有这样的信念："世界是可靠的，生活是美好的，父母以及他人是可信赖的""我是可爱的，我是被爱的，我是有价值的，我是有能力的"。当他们一旦确认自己生存的意义和价值，觉得自己的生命有意义时，他们就能获得生存的动力、勇气和毅力，进而建立起生命的意志力，才能不会受到外界的左右和干扰，也不会一遇见困难就轻易放弃，只有这样，才能不断地去发展自己。

因此，是否在童年获得安全感将会给孩子的一生带来无尽影响，也会对他们人格的形成带来不可磨灭的影响。孩子缺乏安全感和很多因素有关：父母总吵架、父母比较强势、从小和家人分离、不恰当的惩罚、经常搬家或换学校等都会造成孩子安全感的缺失。安全感缺失的孩子总是感觉世界是有危险的、父母是不爱自己的，总担心会被父母抛弃。比如，孩子经常会说"爸爸不喜欢我""妈妈，别走"，经常性地向母亲确认"妈妈，你是不是不要我了？""妈妈，你还爱我吗？"这些情况都说明孩子内心缺乏安全感，他们会一直去想办法来证明：父母是爱我的，他们会照料我，不会抛弃我。安全感缺失的孩子，对人缺少信任、容易情绪化、专注力不够、过于敏感、性格内向、不自信等。因此，孩子安全感缺失，情绪不稳定，横向会给父母带来烦恼，纵向会影响其自身的成长。

2. 如何判断孩子的安全感是否足够？

如何判断一个孩子的安全感够不够呢？

首先，孩子与父母是否形成安全依恋的关系。有安全依恋关系的孩子在父母离开他们时也会表现出焦虑，但不是那种生离死别的绝望式哭闹，他们会逐渐自我平息；在父母返回时，他们会很乐意看到父母，并跟他们亲热一番之后再去做自己的事情。生活中有些孩子则完全不在意父母去哪里了，父母离开时他们也没什么反应，这并不是代表孩子安全感足够，反而反映出孩子内在是缺乏安全感的。

安全感稳固的孩子有以下特点：他们不轻易冒险，比如，不在马路上乱跑，每到一个陌生之处不会一下子闯进去，他们会先沉稳地观察环境，再慢慢地融入进去；他们与父母的关系是依恋式独立；他们很自信，不怕犯错，也不怕失败；乐于分享与合作，不以竞争获胜或物质占有定义自身的价值；他们不怕不同意见，也不会刻意迎合。

缺乏安全感的孩子则有以下表现：他们要么过度胆怯，要么胆大妄为，不顾自身安全；他们要么过度黏人，要么过度独立；他们不愿意独立解决问题，而是依赖他人的帮助；他们迷恋物品，渴求物质满足，离开慰藉物就六神无主、寝食不安；他们不敢参与竞争，因为不能接受失败；他们不愿意接受不同意见，而是要求大家必须跟他们意见统一，才能安心。

此外，孩子能否在父母面前表达自己的真实情绪、呈现自己最真实的样子，是否对父母有足够的信任，也是安全感是否足够的体现。孩子怕父母看到自己最真实的样子而不喜欢自己，无法信任父母，都是安全感不足的体现。

3.5 个角度帮助孩子建立安全感

安全感是影响孩子一生的最重要的精神支柱，虽然很多父母都知道安全感对孩子重要，但是却不知道从何入手去帮助孩子，在此分享 5 个心得体会，相信对建立孩子的安全感会有帮助。

（1）3 岁以内，母亲尽可能亲自抚养孩子，不假手于他人。

带过孩子的人都有过这个体验，很多啼哭的婴幼儿只要一到母亲的怀里，很快就会安静下来，为什么呢？因为母亲身上有孩子熟悉的心跳声，有"妈妈的味道"，孩子会瞬间感受到安全，而这是其他家人都不具有的。母亲抚养孩子，对孩子足够细心呵护，在孩子出现不适的时候，让孩子都能得到及时的安抚和满足。实际上这个过程，就是在帮助孩子建立对这个世界的信任，让他们感受来自外界的保护，感受被照顾和被呵护的舒适感，有任何需要都有人及时满足的被爱感。

（2）家庭气氛要和谐，父母要恩爱，少吵架或不吵架。

孩子如果经常处于父母言语不合或是肢体冲突的环境中，就会特别容易缺失安全感，他们通常对大人的争吵无能为力，只能暗自哭泣，或是独自生闷气。他们会有很多担忧：爸爸妈妈是不是因为我才吵架？他们是不是不爱我了？他们会不会离开我？尤其有些父母还会说"你生的孩子你自己带，我反正不要他"等话，如果孩子长期生活在这样的环境中，又怎么能有安全感呢？

（3）家庭生活要稳定，物质生活不匮乏。

有的孩子从小跟着父母东奔西走、到处搬家，有的孩子从小不断被父母告知家里很穷，没钱，有的孩子更是从小被父母送到这个亲戚家、那个亲戚家"吃百家饭"长大……这些都会给孩子内心带来极大的不安全感和不稳定感。因此，父母要在孩子成长过程中尽可能地确保家庭生活稳定，经济收入富足，让孩子能衣食无忧。

（4）亲子关系要亲密融洽，孩子的精神需求要满足。

很多父母都将孩子托付给保姆或是长辈照顾，因为他们要工作、要应酬，所以很少能陪伴孩子，孩子也难得与父母见上一面；还有的父母平日只关心孩子是否吃饱睡好、身体是否健康，很少有耐心听孩子说心里话，更不要说情感交流了；更有父母只愿意看到孩子开心乖巧的样子，完全接受不了孩子的哭闹和调皮，这些都会造成孩子无法和父母建立亲密融洽的亲子关系。孩子精神上很孤单、无人理解，内心无人倾诉、孤立无依，更谈不上拥有安全感了。父母要意识到孩子求爱、求关注和求保护等精神需求，尽可能创造"亲子时间"，与孩子沟通交流，让孩子感受到父母的爱和关怀。当孩子有情绪的时候，父母要允许、接受，及时给予安抚，给孩子高质量的陪伴，建立亲密融洽的亲子关系，从而帮助孩子建立安全感。

（5）做孩子的保护伞，培养孩子的勇气和魄力。

孩子安全感不足还来自外界环境的影响，比如声响、闪电雷鸣、黑暗、惊悚的故事或电影、嘈杂的环境和突发的事件等，这些都有可能会造成孩子安全感不足。遇到这类情况，父母要用拥抱和抚摸来安抚孩子，允许他们哭闹，先把他们身体里的恐惧释放出来，同时以他们能接受的方式去询问和聆听，直到和孩子一起找到再次面对此类情况的角度或方法，让孩子安心。倘若是比较严重的应激反应，父母则需要寻求专业人士的治疗，帮助孩子重建安全感。

如果一个孩子从小就没有培养起足够的安全感，成年后心理上的缺陷将可能无法完全修复。因此，父母要尽量创造条件，让孩子在真实、安心做自己的前提下，内心渴望也能得到满足，这是孩子健康成长的关键。想要让孩子拥有安全感也很简单，核心就是父母要付出全心全意的爱，同时还要创造一个舒适且规律的生活环境，这样孩子在无形中就可以拥有自信及安全感。

第二节　依恋关系

1. 什么是依恋关系?

近几年接连发生了几起关于孩子的公众事件，有一个孩子因为玩手机和父亲发生争执，父亲一气之下直接就把孩子的手机扔到了楼下，孩子随即跳楼身亡；有个 17 岁男孩，因为在学校和同学发生口角，被母亲严厉批评，他半路从母亲车上强行下车，直接从路边的桥上跳了下去；还有个女孩，仅仅因为母亲阻止她看电视，她就暴揍母亲。

每每听到这样的悲剧，父母们都会感慨，现在的孩子们到底怎么了？孩子视生命如儿戏，让父母如何敢去教育他们呢？

事实上，这些悲剧的背后，都是因为孩子和父母的依恋关系出现了问题，父母有着不可推卸的责任。想一想，孩子们在遇到问题的那一刻，为什么直接选择了自杀或者打人这种极端方式，而没有向外界寻求帮助呢？是不愿意求助，还是没有可求之人呢？

什么是依恋关系呢？说到底，依恋就是孩子对主要抚养人形成的最基本的信任。在婴幼儿时期，孩子饿了、尿了、不舒服了，如果母亲能够看到、感受到并及时回应孩子，帮助他们解决这些问题，满足他们的需要，那么孩子就会觉得母亲是稳定而可靠的。一旦对母亲有了最基本的信任和依恋，他们很容易就和母亲建立起安全依恋的关系。孩子们可以放心地向母亲表达他们的情绪感受，无论是愤怒、伤心还是孤独等。他们开始对这个世界产生信任，并带着这份信任去探索世界，让自己得以健康成长。与此同时，他们的安全感也会帮助他们去面对和处理自己的情绪感受，最终有利于培养自立自强的品质。

当然，这个抚养人未必都是母亲，也可能是爷爷、奶奶、保姆等。至此，父母们是否能够理解，为什么有些孩子根本不愿意和父母亲近，他们每天都只要抚养人，这不仅仅因为孩子和抚养人熟悉，主要还是因为他们和抚养人建立了安全的依恋关系。

2. 依恋关系的质量影响孩子的安全感

如果母亲或抚养人是冷漠、无视的，甚至不回应孩子，孩子就不能建立安全的依恋关系，这类孩子在面对负面情绪的时候就偏向抽离、回避，他们不信任这个世界，也不信任自己，所以也不愿意向这个世界来表达自己，这样的孩子会有不良的行为和极端的特质。

依恋关系的质量决定了儿童早期安全感的足够与否。真正有质量的安全依恋有两个参考依据：一个是孩子会表达情绪，一个是孩子的情绪容易安抚，这二者缺一不可。

父母们可以回忆一下，你是否允许孩子真实地表达情绪？你的孩子会不会真实地表达情绪，尤其是愤怒、委屈、痛苦、焦虑、恐惧等负面情绪？再回想一下，当孩子有负面情绪的时候，能不能很容易就被安抚？还是会陷在情绪里，大哭大闹、不依不饶或伤心难过很长时间？

依恋关系不稳定，会直接造成孩子在遇到困难、出现问题或走投无路时，缺少最值得信任的人。他们也拒绝去找其他人寻求帮助，最终只能独自应对，当无力面对的时候，甚至会选择放弃生命。

不是他们不想抗争，也不是他们不爱惜生命，而是天下之大，无人理解、无人支持。这种绝望，恐怕只有经历过的人才能明白。因此，父母要成为孩子最重要的依恋者，不要用"如果你怎样怎样怎样，我就不要你了、不爱你了、不喜欢你了、不管你了……"类似的话去切断孩子对父母的依恋关系，父母要做孩子心目中最坚实的一道壁垒，任何时候都爱护他们、保护他们，不离不弃。

3. 依恋关系是孩子的社会支持系统

依恋关系狭义上是孩子和父母或抚养人的关系，广义上其实是孩子和生命中重要他人的关系，这些关系统称为孩子的社会支持系统，这是孩子在遇到问题、需要帮助时最重要的精神依靠，也是孩子走投无路时拯救他们的"最后一根稻草"。社会支持系统越庞大，孩子的安全感越足，自信心也越强，在面对挫折时越勇敢，能力越来越强，人生也就越来越顺利。反之，如果孩子无法建立和父母的依恋关系，也就很难建立和其他重要他人的依恋关系，也就更难建立庞大的社会支持系统。而缺少社会支持系统的孩子在学校里很容易被大家忽视，更容易被人看不起、遭受欺辱，也更容易出现各种问题。

要帮助孩子建立依恋关系，我们就要学习如何走入孩子的内心、如何去聆听他们内心的声音、如何去分享他们的喜怒哀乐、如何成为他们精神上的好朋友，父母们任重而道远。

第三节　自信心

1. 自信心从何而来？

教育界有句名言："要让每个孩子都抬起头来走路。""抬起头来"意味着孩子对自己、对未来和对所要做的事情充满信心。一个人昂首挺胸、大步前进的时候，他心里一定有诸多的潜台词——"我能行""我能达成""我会干好"，这些潜台词就是一个孩子的自信心。自信心对孩子的健康成长和各种能力的发展都有十分重要的意义，而婴幼儿时期的自信心建立对一个人的一生具有至关重要的作用。

自信心到底有多重要，我们看看身边的人就知道了。那些学历高的、能力强的、长得漂亮的、口才好的、家境优渥的孩子，他们走上社会后未必就会成功。所有有成就的人都是内在力量足够的人，都是非常自信的人。他们很少焦虑，他们敢于追求、敢于挑战、抗挫折能力强；自信的人影响力大，他们更容易被机会和命运垂青。

那么自信心是从哪里来的呢？相关研究表明：孩子的自信心培养与家庭教育息息相关。心理学家曾经做过一个测试，一个人自信心的建立至少要经过 5000 次的肯定。这个肯定既包括外界其他人的肯定，也包括内在的自我肯定。

2. 自信心不足会导致自我价值感偏低

每一个刚出生的孩子都是这个世界上独一无二的存在。同时，只要是人，都会有自卑感。二者貌似矛盾，其实是两个不同的视角。前者强调孩子的先天状态，后者强调孩子的后天变化。为什么孩子会出现自卑呢？原因有二：一是孩子在成长过程中，尤其是在童年时期，必须要接受一个残酷的事实，那就是他们费尽所有力气都做不到的事情，父母和老师可以轻而易举地做到，也就是说，在孩子童年时期，父母和老师就是"超人"，无所不能，而自己却样样需要依赖别人，这样的对比使得他们的自信心降低；二是源自父母教育过程中的否定与不接纳，当孩子把外界的评判作为对自我的认知时，就会导致不接纳、不认可自己，从而自我价值感极低。

健康的家庭会培养出积极向上、安全感充足和依恋关系稳定的孩子，孩子坚信自己有父母的爱和陪伴，会很容易产生自信心；糟糕的家庭则会让孩子变得脾气差、没主见、安全感不足、依恋关系薄弱甚至欠缺，他们缺少外界的接受、尊重和爱，也缺少对自己的欣赏和接纳，自信心不足也就不足为奇了。

自信心不足的人自我价值感就很低，会觉得自己一无是处。自信心严重不足的人还会自卑、自闭、抑郁，乃至放弃生命。因此，让孩子感受到被接受、被尊重和被爱是帮助孩子建立自信心的第一步，而这一步中，父母的作用无人能够替代。只是很多父母并不知道应该如何去做才是真正意义上的接受孩子、尊重孩子和爱孩子，孩子也就成了父母盲目爱的"牺牲品"。

案例：

有一位母亲带着一年级的儿子去参加活动，母亲让孩子替她签名，孩子用力握着笔，字写得很慢。母亲不停地拍他后背让他快点写，嘴上还不停地说："你看看你这字，写得太慢了，还这么丑，真丢死我的人了，丑死了！快写快写！"还没等孩子全部写好，母亲就拉走了孩子，还生气地说道："行了，行了，就这样了，写得那么丑，早知道不让你写了，真丢人！"

我们是不是会替这位不懂得怎样鼓励孩子、不停地用语言去"刺伤"孩子的母亲感到悲哀呢？因为真正丢人的不是孩子，而是这位情商、智商都不在线的母亲，她对孩子进行这样的批评、否定和打击已经属于语言暴力，这远比身体暴力伤害更严重。如果这位母亲一直不去改变，这个孩子每天都将生活在否定、打击和嘲笑之中，5年、10年甚至20年，这个孩子一生都将活在自卑中，极有可能碌碌无为、黯淡无光。

　　孩子自信心的建立和父母给予的认可、肯定息息相关。现在很多父母特别喜欢夸奖孩子，赞美满天飞，导致孩子只能听好话，不能接受一丁点否定和批评。事实上，肯定并不是只说好话，肯定是一种正强化。"儿子，你太棒了！"只是一句赞美，"儿子，你不高兴的时候，还愿意告诉妈妈你的心里话，你太棒了！""儿子，你能把玩具摆放得这么整齐，你太棒了！"这才是肯定。

　　那么，如何培养孩子的自信心呢？针对不同特质的孩子，应该有不同的角度和方法，本书后文会有专门介绍。同时，无论用什么方法，都离不开行动，行动—不断行动—行动成功—不断行动成功，这是让那些总觉得自己这也不好、那也不行的孩子建立自信心的最快方法，更是让那些只想不做、很自卑的孩子走出困境的最快方法。

　　围绕自信心，父母们还要了解和自信心相关的另外两个关键词：自我价值和自我身份。有自信心的人才能有足够的自我价值，自我价值足够的人，才会有清晰的自我身份。

第四节　行为规范及界限

1. 宽严相济才是教育之道

　　中国有句老话："没有规矩，不成方圆。"对孩子的教育同样如此。生活中最基本的吃喝拉撒睡、站立行走卧等生活习惯的养成教育，就是给孩子立规矩的过程。同样，孩子的学习习惯、语言表达习惯、人际交往习惯的养成，也是在给孩子立规矩。

现状是每一个家庭未必重视养成教育，但同时对养成教育的结果却都非常重视，也就是孩子行为是否规范，是否听话、懂事，是否有时间观念，是否能准时完成作业，是否尊重父母以及是否有进取心等，这些都会成为父母评价这个孩子是不是"好孩子"的标准。而这一切，却又都离不开行为规范及界限的教育。

对父母来说，如何为孩子制定行为规范、如何让孩子遵守行为规范，并非难事。然而如何把握好行为规范的界限，什么事情该做、什么事情坚决不能做，这个界限并不好把握，尤其是每个孩子天性不同，有的孩子胆大，有的孩子胆小，能不能做的界限也会有所不同。比如没有自信心的孩子，事少省心更好管。可是，父母给孩子确定行为规范的目的，并不是为了让孩子好管，而是让孩子知道什么可为，什么不可为，是为了让孩子懂得遵守规则、懂得尊重规律、懂得服从和顺势，将来长大成人能更快地适应社会的规则，做一个符合社会规范的人。

家庭在孩子行为规范教育上，一直存在着两种不正确的表现：一种是教育过严，给孩子定下许多规矩，这也不许做，那也不许做，把孩子的手脚绑得紧紧的，导致孩子变得唯唯诺诺、一生毫无建树；另一种是教育过宽，对孩子的要求，不管是合理的还是不合理的，一律满足，结果孩子肆无忌惮、为所欲为。

因此，真正的行为规范需要有界限，既不能过严也不能过宽，只有恩威并重、宽严相济才是教育之道。

2. 行为规范教育越早越好

为孩子制定行为规范对于父母来说其实也是一项挑战，毕竟没有孩子喜欢被束缚。那么，什么时候开始对孩子进行行为规范教育比较好呢？四个字：越早越好。

古人说："幼则束以礼让，长则教以诗书。"就是要求父母在孩子处于似懂非懂的这个年龄阶段，对孩子进行早期行为规范训练。一个人在成长过程中，最早建立规则和秩序的阶段通常出现在3~4岁，这种做法是符合事物发展规律的。正如古人所说："求木之长者，必固其根本；欲流之远者，必浚其泉源。"不论做什么事，都要力争有个好的开头。《周易·蒙卦》中说："蒙以养正，圣功也。"这就是说，要及早对孩子进行正确的教育。早期的道德教育和行为规范训练是基础教育，对人的一生起着奠基作用。

如果以孩子年龄小、不懂事为由而放弃早期行为习惯训练，不进行行为规范教育，加上孩子好模仿，又缺乏分辨是非、善恶和美丑的能力，就很容易受到不良环境等因素影响，进而养成一些坏习惯。如果等长大了再管教，就很难纠正了。孩子年龄越小，感受能力越强，可塑性也越强，也就是说，越早对孩子进行行为规范教育，作用越明显，效果也越好。人们常说的："小孩子就像一张白纸，可以画最好的图画。"这句话说的就是这个意思。因此，对孩子进行行为规范训练越早越好，父母千万不要错失良机。

两三岁的孩子有时"犯浑"，不少父母觉得孩子还小，不懂事、打人、骂人等没礼貌的行为即使纠正了也没用，等长大一点、懂事了，再教也不迟。其实，这是一种糊涂认知。孩子越是"不懂事"，越是对孩子进行品德教育和行为习惯训练的好时机。由于小孩子不懂事，所以客观世界的一切对孩子来说都是见所未见、闻所未闻。他们事事都想知道，凡事都想尝试，对每件事情都怀有浓厚的探究兴趣。但究竟哪些事情可以做、哪些事情不可以做，要做的话又应当遵守什么规则，就需要父母告诉他们，并对他们进行培养训练，这实际上就是在进行思想道德教育和行为规范的训练。

3. 行为规范要有度和界限

有些父母认为，要给孩子更多的自由和空间，这个想法没有错，但与此同时，也要强调度和界限。试想一下，如果没有一定的规范对孩子进行限制，孩子们可能会一天到晚看电视、玩电脑游戏，不做作业。要是事事都以孩子的心意为先，父母就不是合格的父母，因为他们没有对孩子尽到监督和指导的义务。

很多父母在这个度的把握上特别困惑，左右为难。有人说，孩子是从模仿开始，模仿父母、模仿老师、模仿同学……直到学会做自己。在孩子小的时候，父母就是孩子的"原件"，而在孩子还没有独立思考能力和辨别力的时候，孩子就是父母的"复印件"，这真实地反应了父母言传身教的重要性。一个没有安全感的父亲或母亲，怎么能培养出有安全感的孩子呢？一个自己都没有稳定依恋关系的父亲或母亲，又怎么能懂得依恋关系对孩子的重要性呢？同样，一个没有自信心的父亲或母亲，又如何能培养出拥有自信心的孩子呢？一个自身做事没有界限、不懂规矩的父亲或母亲，又如何能培养孩子建立健康的行为规范界限呢？因此，要掌握好行为规范的度和界限，父母自身得有度和界限才行。

心理学家皮亚杰将孩子的道德成长分为 3 个阶段，其中有一个阶段是他律道德阶段。这个阶段的孩子会从行为结果判断行为好坏，并不会去考虑行为动机。一方面，这个阶段的儿童会绝对服从父母给予的规则；另一方面，随着儿童的成长，他们同时也会遵从周围环境对他们提出的规则或是要求，在成长中逐步把外界的要求变成对自己的自我规范，并逐步向自律道德阶段过渡。在这个阶段，大人如果对孩子过度约束或滥用权威，就会对儿童的道德成长造成不好的影响。在这样的"高压"和约束下，只会让孩子变成两种人，要么变成一个"依赖者"——无自主判断的人，要么变成一个"独裁者"——过于自主的人。因此，父母在执行规则的过程中应该有弹性，并留有一定的余地。当然，在涉及原则性问题的时候，父母要坚决地捍卫行为规范，让孩子养成良好的习惯。

如何规范孩子的行为呢？儿童心理学研究专家认为，小孩子天生就会取悦父母，并根据父母的期望去做出自己的行为。1岁左右的宝宝，就会有意识地做某些动作或发出某些声音来逗大人笑。如果父母可以很明确，并且自始至终地让他们明白：哪些行为是可以得到赞许的，哪些行为是绝对不能接受的，孩子很快就能学会自我规范。

案例：

在某小区里有很多车被划伤了，车主们都很生气，纷纷去物业调取监控要找出划伤车子的人。调出监控后，划伤车子的嫌疑指向某一住户的孩子，车主们就找到了这个孩子的母亲。于是，母亲就问孩子是不是他划伤的车子，孩子支支吾吾地承认了。

本以为这位母亲会打骂这个孩子，没想到她并没有批评孩子，而是选择带着孩子向每位车主道歉，并表示是自己没有教育好孩子，同时承诺一定会赔偿各位车主的损失。

回到家，孩子跟母亲说："妈妈，对不起！"母亲没有责怪孩子，反而安慰孩子："宝贝，没关系，你知道错了就行了，以后再也不能这样做了，这次妈妈可以替你出赔偿费，但是一定要你亲自上门道歉，做错事情没关系，但是我们一定要勇于承担责任。"

于是，孩子为了表达自己的歉意，折了很多小船，每到一户人家，他就说一句"对不起"，然后送上自己折的小船赔礼道歉。就这样，母亲带着孩子，一层楼一层楼、一栋楼一栋楼地道歉。很多车主看这位母亲和孩子如此诚恳，连连摆手说："算了，算了，孩子还小！"妈妈却坚定地摇摇头："不行！"整个道歉过程长达3天，3天之后，孩子终于卸下了心理负担，他对母亲说："妈妈，谢谢您，我觉得心里舒服多了！"

这位母亲通过这件事情教会了孩子要尊重界限，要勇于承担自己的责任。只有让孩子意识到自己的错误，并为此付出代价，孩子才不会再犯同样的错误。

安全感、依恋关系、自信心和行为规范及界限是孩子健康成长的四大精神支柱，而父母需要做的是尊重规律、从小培养、给予足够的耐心，直到孩子拥有充分的自信，并在懂得遵守社会规范的同时，也尊重界限。久而久之，这类孩子的心智发展会非常完善和成熟，他们拥有稳定的依恋关系和安全感，立足于世，一定会成为父母和社会的骄傲。

第四章
懂孩子的情商培养和
情绪管理

第一节　懂孩子的情商管理

1. 情商决定人生

在孩子生命之初，尚不能用语言来表达需求的时候，他们是非常无助的。孩子和父母的互动，只能通过情绪表达来进行。孩子用哭来表达自己的需求，饿了、尿了、冷了、怕了等。父母则根据孩子的大声哭闹、乱蹬乱踢和一颦一笑等行为来了解孩子的身心状态，从而进行针对性处理。孩子通过观察父母的表情动作、聆听父母的声音来感受父母的爱护，从而拥有安全感和依恋关系。可以说，父母养育孩子的过程，就是和孩子的情绪感受互动的过程，也是培养孩子情绪智能（情商）的过程。

情商对于孩子幸福的影响很大，大量案例显示，孩子们的智商差别并不明显，真正决定孩子成就与幸福的主要因素是情商。

孩子的情绪感受是否被关注、是否被允许表达、是否能得到及时回应，都决定了孩子能不能成为一个"性情中人"，是否能"身心合一"。而父母对孩子情绪感受的重视和尊重、引导和互动，比如，在孩子紧张害怕时父母是抚慰还是漠视、在孩子哭泣不止时到是抱还是不抱、大喊大叫是否被允许……都决定了孩子是否能学习到如何和自己的情绪感受互动，如何和其他人的情绪感受互动，也决定了孩子是否能具有共情的能力，最终决定了孩子是否能成为高情商的孩子。

"共情"是一个心理学名词，是设身处地体会别人情感的意思，具有良好共情能力的人会以适当的方式对他人的需求做出反应。

共情要具备相应的认知能力和情感能力，一是要从他人的角度观察他人的情感状态，二是要有能力在情感上对其他人做出回应。

2. 高情商的培养要点

培养孩子的高情商，父母至少要做到以下 5 点。

（1）父母要在生活中引导孩子注意别人的感情状态。比如，让孩子通过观察他人的肢体语言和面部表情，来解读对方处于什么样的感情状态，父亲是高兴还是难过、母亲是痛苦还是愤怒等。

（2）父母要通过绘本或自己真实的表情和肢体语言，让孩子学习如何去表达自己的感情状态。比如，什么样子才是生气、开心又是怎么表现的。

（3）父母不需要刻意去制造，但同时要接受和允许孩子去体会疼痛、伤心、挫败等情绪体验。比如，摔倒了屁股疼、碰到了头疼、玩具丢了伤心、父母没回来难过等，要让孩子有丰富的感情体验。

（4）父母要了解孩子独特的情绪特质（参见后文详细内容），针对孩子的情绪表达方式做出共情反应，给予孩子针对性的安慰和示范，让孩子有切身的体会，从而让孩子学会如何对他人的情感做出回应。比如，在孩子伤心的时候拥抱和抚摸他们、在孩子害怕时帮助他们放松身体、在孩子愤怒委屈的时候引导他们诉说和哭泣等。

（5）让孩子有机会在情感上对其他人做出回应。比如，奶奶在哭，让孩子去哄劝；母亲生病了，让孩子去询问、表达关心等。

久而久之，不仅能让孩子拥有共情能力和高情商，也会给孩子带来越来越多的自信、越来越多人的认可和欣赏，直到成为身心合一、内在有力量的人。

第二节　懂孩子常见的情绪表达方式和互动要点

人的情绪表达通常可以分为生活化表达和艺术性表达两大类。生活化表达，例如通过吃东西、哭闹、吼叫、逛街购物等来消化情绪；艺术性表达，例如通过唱歌、跳舞、弹琴、画画、有氧运动等来消化和释放情绪。

每个人都是独一无二的，每个人都有自己独特的情绪表达方式，孩子也一样。接下来，就让我们通过对孩子8种独特的情绪特质的解读，来学习如何和孩子进行情绪互动、如何和他们的独特性进行互动。

1.一触即发型

这类孩子习惯性的情绪表达方式是一触即发。他们有负面情绪时就会直接发泄出来，遇到不顺心的事情时点火就着、大吼大叫或歇斯底里，经常瞬间爆发、瞬间结束。父母都觉得这类孩子性子太急躁、压不住火。

这类孩子的情绪通常可以"自生自灭"，不会沉浸在负面情绪里太长时间，当他们想通了或释放出去了，情绪也就消失了，他们的情绪基本不过夜。有时候情绪无处发泄或释放，他们只要独自待一会儿，听听音乐、玩玩手机，情绪也会随之消失殆尽。总体来说，这类孩子情绪爆发时，因为嗓门高、动静大，很容易让人紧张害怕，其实他们是"雷声大，雨点小"，看着吓人，却能很快从情绪中走出来。

这类孩子有情绪时，尤其是在生气时，是听不进他人言语的。不管是安慰他们，还是指责他们，都会扰得他们心绪烦乱、情绪越来越大，最后宽慰、劝阻和指责就会变成"火上浇油"，让他们情绪爆发的强度增加很多。他们常说的话是"能不能让我自己待一会儿？""能不能让我静一静？""能不能别烦我？""能不能别再劝我？""能不能别惹我？"因而当他们有情绪的时候，父母要尽量远离，理解他们在用这样的方式释放情绪。父母可以选择允许和等待，允许他们大吼大叫，不要去干预，等他们宣泄完毕，父母再去询问他们发生了什么、他们怎么了，直到他们从情绪中走出来，整个人也完全清醒和理智后，再去和他们交流沟通。

2. 喋喋不休型

这类孩子的感受力很强，非常敏感和情绪化，特别容易受周围环境影响，属于日常所说的会耍"小性子"的那类。他们心思细腻，擅长察言观色，能快速感知到他人的情绪。如有人对他们眼睛瞪一下、嘴巴撇一撇、或面无表情、或摔门而去，即使一句话都没有，他们都会为此伤心难过、胡思乱想。喜怒无常、阴晴不定是他们情绪的常态。他们容易沉浸在自己的情绪里出不来，看电影、电视剧时比剧中人物哭得还伤心，即使时间过去了很久，他们还会为剧中人物伤心叹息。他们还很容易受他人暗示和影响，但是只要影响他们的人去安抚，他们的心情可以马上发生改变。同时他们也容易陷入别人的情绪中，与对方同喜同悲，不能自拔。

这类孩子陷入情绪时会喋喋不休、又哭又闹、不依不饶，一定要和带给他们情绪的人说得明明白白，他们这样做的原因是想让对方关注到自己的情绪。在情绪中的他们有着强烈的倾诉欲望，渴望有人来安抚、聆听和陪伴，通常只要允许他们充分彻底地表达完情绪，比如哭够、说完，与此同时陪在他们身边，拥抱和抚摸他们，他们就能从情绪中走出来，甚至都不需要对方说太多、做太多。

这类情绪特质的孩子特别需要对方的耐心和同理心，他们渴望被拥抱、被抚摸和被安抚，他们在情绪中最大的渴望和需求也莫过于此。因此，和这类情绪特质的孩子在一起，父母更多的时候是要做陪伴者、关怀者、安抚者和倾听者，而不是劝导者和建议者。

3. 针锋相对型

这类孩子表达情绪的方式非常极端，他们通常先忍气吞声，为了不和对方有冲突，不得罪对方或不让对方不舒服，他们有情绪不表达，通常一个人去消化所有的伤心、难过和委屈。

当他们一旦忍无可忍或者不再在乎对方怎么想、怎么看时，他们就会进入另外一个极端，用不说话、不交流、不互动这种"冷战"的方式来对抗对方，从而表达自己的不满情绪。这种"冷战"的方式可以持续一周、一个月甚至更长的时间。如果对方没有让步，他们即便和对方在同一个环境里，都可以把对方当空气，视而不见、听而不闻。如果对方言语犀利，他们也会针锋相对予以还击。他们说话尖酸刻薄，有意找对方最不愿意听、听了最难受的话来攻击对方，这样的情况在成人的情绪互动中也经常看到，明明心里很在意，嘴上却寸步不让，得理不饶人。其实他们是"刀子嘴豆腐心"，是伪装的强硬。他们在用这些方式来表示自己正在情绪里，希望对方能以柔克刚、主动让步，能说些柔软的、温暖的话哄哄自己，或是不管自己怎么"作"和"强硬"都能不离不弃地陪伴和拥抱自己，颇有"我就要看看你怎么样对我"的感觉。遇到懂他们这种模式的，拥抱抚摸、道歉，一招制胜；遇到不懂的，人仰马翻，旷日持久的"冷战"就此开始。

国外曾经有一则报道，儿子正在擦枪，不知怎的和父亲起了争执，父亲一怒之下让儿子去死，儿子毫不犹豫地拿起枪，对着自己的头部开了一枪，当场毙命。从此父子阴阳两隔，父亲后悔不迭，怎么也没想过自己的一句气话居然断送了儿子年轻的生命，这个悲剧中儿子的情绪表达方式就是这种针锋相对型。

和这类情绪特质的孩子互动，父母最需要的就是要看到孩子极端情绪背后的动机，穿越孩子攻击性语言的"枪林弹雨"，去懂得孩子那颗渴望爱和关怀、渴望理解和倾听的心，而不是被孩子言语的"刀子"刺伤，索性针尖对麦芒，用更极端的方式去"对付"孩子，辱骂甚至殴打孩子，拒绝孩子寻求温暖和关怀的需要，彻底伤了或寒了孩子的心，让亲子关系走上彻底断裂之路。

4. 耿耿于怀型

这类情绪特质的孩子，他们不擅长去表达和释放情绪，甚至不承认自己有情绪，他们只会用自己的身体去感受情绪、记住情绪。日常生活中，全身哆嗦、脸红脖子粗、呼吸急促和手脚僵硬等都是这类孩子在负面情绪中的表现。如果问他们是否不开心，他们很多时候是不承认或不自觉的。事实上，当有情绪的时候，首先，他们的身体会有反应，比如心慌、头晕、腹胀、背痛等，然后他们才会意识到自己在情绪里；其次，他们很容易被情绪所困、习惯生闷气、心结不易打开，容易沉浸在过往的情绪中难以释怀，很长时间都会对那份情绪耿耿于怀。如果情绪没有得到释放和疏解，他们就不会轻易原谅给他们带来情绪的人，甚至多年之后提及触发情绪的事情，还是会有非常激烈的情绪反应，包括身体可能都会有当年的反应，好像事情刚刚发生一样。

这类情绪特质的孩子是用身体来记住情绪的，如果情绪得不到释放和疏解，随着时间的累积，就容易积压在身体里，像细菌一样影响他们的身体健康，严重的还会引发很多慢性疾病。

作为这类情绪特质的孩子的父母，要让孩子学会尊重自己的身体感觉、允许自己有情绪，同时在孩子身体有各种不适的时候，引导孩子陈述事情、表达内心的真实感受，从而让情绪从身体里释放出来。对于这类孩子来说，他们的头脑过于强大和理性，所以掌握一些疏导情绪的方法非常重要，可以有效地释放压力、调整身体、恢复健康。

5. 隐忍压抑型

这类情绪特质的孩子，大都有个无法自由表达和释放情绪的家庭环境，父母或抚养人比较强势或高压。这类孩子不被允许哭闹、宣泄，甚至连表达情绪都可能被限制。他们长期处在压抑状态，有情绪不敢释放，为了避免情绪表达带来的惩罚，慢慢就学会了克制自己，非常隐忍，面不改色心不跳，喜怒也能不形于色，甚至外人都察觉不到他们在情绪里。

他们对情绪的克制和隐忍程度一般人并不容易做到。由于他们的情绪完全被压制下去，只能向内攻击，但这些压抑的情绪需要找到出口释放出去，因此他们就会出现身体的"自残自虐"。常见的就是中医所说的"肝火旺盛"。

作为这类情绪特质的孩子的父母，首先，要知道孩子的情绪需要有通道，要允许孩子真实地面对情绪；其次，要有意识地给孩子提供情绪表达和宣泄的机会，让孩子可以哭、可以闹，给孩子自由和空间，让孩子通过运动、玩耍、游戏等方式释放情绪，从而达到身心放松。

6. 不计后果型

这类情绪特质的孩子特点是能量过剩，特别容易被激惹，他们无法保持头脑清醒并采取理智的行动。一旦有情绪，他们就会控制不住自己、突然爆发，而且是具有摧毁性、杀伤力比较大的爆发。

他们在情绪状态下非常冲动，完全被情绪所控，不管不顾，不计后果，会有非常极端的身体动作，如大哭、摔东西、踢人等。也会带来极端的后果，包括突袭、打砸、暴力伤害，甚至有伤亡出现。很多孩子事后大脑一片空白，完全不知道自己做了什么，也不理解自己为什么会有那种状态。事实上，在情绪爆发的那一刻，他们已经身不由己，成为了情绪的"奴隶"。

日常生活中，这类情绪特质的孩子可能会极致化地表达自己的情绪，带有夸大和自编、自导、自演的成分，具有戏剧性，还带有渲染情绪的成分；有时候刁蛮任性要赖，有时候胆小怯弱退缩，让周围的人摸不透他们。

这类情绪特质的孩子的父母，一定要重视孩子在情绪中会"失控"的情况，要学会避开孩子的暴躁情绪。当孩子在情绪中时，父母要允许他们去宣泄和表达，不要再用言语或行动去刺激他们，更不要火上浇油和激将，避免孩子在冲动下情绪失控做出害人害己的事情来。待孩子的激烈情绪过去之后，再晓之以理、动之以情，引导孩子学会管理自己的情绪。

因此，生活中父母要多洞察孩子的内心世界，弄明白孩子经常发火的原因，从而对症下药。同时，父母要让这类孩子多跑、多动、多流汗，通过体能的消耗来释放内在过多的能量，从而达到身心平衡的状态，减少和降低被激怒的机会。

7. 抱怨指责型

这类情绪特质的孩子，有情绪的时候喜欢抱怨、诉苦，他们习惯用指责对方的方式表达情绪，觉得自己是受害者，过错方是对方。受伤害严重时还会心生恨意，他们既会恨自己，也会恨对方。

"都是因为……所以我才……"是他们表达情绪的模式，他们擅长翻旧账，过去很多年的事情带来的情绪都会清晰记得。而翻旧账的原因只有一个，就是让对方知道"过去你让我有很多……情绪，我都没有计较……"针对这样的情况，当事人的解释和道歉可以快速换来他们的谅解。

作为这类情绪特质的孩子的父母，当孩子在情绪中的时候尽量不要与他争辩，而是耐心聆听孩子的所有委屈和不甘、痛苦和不满，理解孩子情绪背后渴求被爱和被重视的心。这个过程也是对孩子表达关注和爱的过程，孩子会因为父母的态度而得到情绪的疏解和满足。父母平时也要充分表达对他们的理解、体会他们的不容易、表达对他们的爱护和心疼，他们会因此而减少很多负面情绪。

8. 喜怒皆形于色型

这类孩子的情绪变化快，各种情绪皆会通过面部表情和肢体动作表现出来，喜怒皆形于色，所以他们的情绪状态很容易被捕捉到。他们有情绪时一定会用某种方式表达出来，既忍不久也憋不住。

他们表达情绪的方式有很多种，也很简单，比如，唱歌、跳舞、哭诉、吼骂、运动、购物、暴饮暴食、砸东西……只要能把情绪释放出来，这些方式他们都会使用。假如现实条件不允许他们这样去释放情绪，他们会由向外表达转为向内攻击，会用憋闷、捶打或其他伤害自己身体的方式来宣泄负面的情绪。

作为这类情绪特质的孩子的父母，要引导孩子用正确的方式表达情绪，比如允许他们哭泣、吼叫和诉说；引导他们面对情绪时要学会去表达或者选择适合自己的表达方式去释放，而不是因"说不出、不能说"而导致身体出现问题，更不是通过打自己、咬自己这类向内攻击的方式去伤害自己。

第五章
懂家庭教育方式的
盲区和沟通的雷区

第一节　懂家庭教育方式的盲区

毋庸置疑，父母都想通过爱和付出去帮助孩子成长。在缺乏家庭教育理论和实践经验的情况下，父母会用自己认为最好的、最正确的、"我都是为孩子好"的方式来教育孩子。殊不知有些教育方式本身就有问题，本身就对孩子有伤害，等父母意识到这份盲目的爱带来的后果时，悔之晚矣。

孩子在婴幼儿和小学低年级时期，总体来说都是比较容易教育的。这段时期，他们的自主性不强且与父母的对立不激烈，现实生活中也没有什么明显的问题，很多父母都会被迷惑，以为孩子身心发展得还不错。可是等到孩子从小学高年级到初中一二年级这个阶段，随着生理发育和心理的变化，很多隐藏的家庭教育问题就会显露出来，甚至有很多是严重问题。这是父母最头疼、最辛苦的阶段，也是父母主动学习最积极、最用心的阶段。父母迫切希望通过多学、多改变去解决孩子出现的对抗、辍学、抑郁，甚至自杀等问题，然而，错误的教育方式，也就是问题的根已经存在很多年了，要连根拔起，对孩子和父母来说都并非易事。

家庭教育的盲区，最常见的就是父母使用错误教育方式而不自知。很多家庭教育的问题，并不是因为父母没有做应该做的事情，而是父母做了太多不应该做的事情。以下种种，请父母们对号入座，有则改之，无则加勉。

1. 棍棒、拳头——打骂式教育

提起打骂式教育，就会想起俗语："惯子如杀子。""棍棒出孝子。"在过去，不少父母信奉"棍棒教育"，很多都有过打骂孩子的经历。有些父母还认为："孩子是我生的，打自己的孩子天经地义，外人无权干涉。打孩子也是为了孩子好，我们没有过错。"直到这些年，伴随着父母综合素质的提升、家庭教育知识的普及，越来越多的父母才认识到"打骂式教育"是一种错误的教育方式。

有过打骂经验的人只要看到生活中"打骂"的场景，儿时挨打时又惊又怕却无力反抗的记忆、为人父母后无计可施只能打骂的无奈就会马上涌上心头，五味杂陈，百感交集。棍棒、拳头为主的打骂式教育危害巨大，父母不仅要"牺牲"自己在孩子心目中的美好形象，还会伤及孩子的身体，更会伤及孩子的自尊心，亲子之间的关系会产生隔阂和裂痕，甚至影响孩子的一生。除了部分心理极其扭曲的父母会享受这份暴虐，更多父母都是"黔驴技穷"后把它当作"绝招"。

有一位母亲，在大街上9秒钟内打了儿子8拳。路人纷纷指责这位母亲太过分，而这位母亲的回应是儿子不听话，不打不行。棍棒、打骂真的能使孩子更听话甚至成才吗？答案当然是否定的。之所以打骂式教育好像很有效，是因为孩子们尚无对抗父母的意识或能力，不会、不敢或不愿意去抗争而已。同时，孩子们也在时刻模仿和学习父母的行为方法，如果父母只会用武力解决问题，孩子获得的就只有不断增加的对父母的怨恨，学会的也是武力，更谈不上"出孝子"了，家中不出逆子已是万幸。

打骂式教育在孩子青春期阶段特别容易出现问题，一方面是孩子的叛逆挑战了父母的权威，很多父母为了维护面子和权威，在管教孩子方面变得极端；另一方面是父母面对和自己斗争的孩子无计可施时，被愤怒和无奈控制，他们只好使用"打骂"这个绝招来释放情绪，来和孩子抗争。

青春期的孩子渴望理解和沟通，他们需要父母循循善诱的疏导，而不是一味的指责。当父母谩骂或贬低孩子的时候，孩子的自尊和人格都会受到伤害，他们的逆反心理只会更强，这也是青春期孩子和父母水火不容、似有不共戴天之仇的根源。更深层的原因还在于父母没有用发展的眼光去看待孩子，没有给孩子留下个性发展的空间，还觉得他们是个"小孩子"，而不是具有独立人格的人。

如果孩子在打骂式这种错误的教育方式下成长，身体被责罚、自尊心被贬损、自信心被打击，就会产生很多负面的影响，常见的影响和危害有以下5种。

（1）自卑自贬。

带有体罚和强制性的打骂式教育会让孩子丧失信心，也会让孩子觉得自己是个无用的人。虽然他们被打后会认错，也会依照父母的要求做事，但他们的内心也会变得惴惴不安，经常不知所措，想尽办法规避被如此教育。长期处于这种状态下的孩子精神会非常紧张，才智也得不到充分发挥，他们会变得极度不自信，甚至是自卑。

当孩子的自尊心被完全碾碎之后，他们就可能变得越来越逆反、对抗，有的索性破罐破摔、自暴自弃，有的孩子感到自己成了"罪人"，自己看不起自己，这是父母们最不想看到却真实地发生在那些被打的孩子身上的情况。

（2）无助懦弱。

不少对孩子有投射的父母或未完成自我成长的父母，他们在打骂孩子之后，会心疼和后悔，甚至反过来去哄孩子并向孩子道歉，有的还抱着孩子大哭，并且给予很多物质上的补偿。倘若孩子年龄小，角色互换和共情能力都还不够，孩子会搞不清状况，对此感到莫名奇妙，不知道如何去面对父母，也找不到一个正确的处理方法和互动底线，从而变得非常无助。他们不知道父母打骂自己的时候，自己是否有错，也不清楚父母的懊悔，更不知道父母是否有错。

不少孩子因为经常被打骂，看到父母就会害怕，这也导致他们会比较顺从，甚至会绝对服从父母。而这会让孩子变得非常自卑和懦弱，各方面都非常被动，即使长大，也会缺少力量，容易被欺负。

（3）暴躁暴力。

①打骂式教育容易让孩子暴躁。父母对孩子动辄打骂，在行为上是给孩子做了攻击性的示范，而经常挨打又使孩子容易暴躁，导致孩子出现逆反心理和对立行为，这些都在潜移默化地影响着孩子。父母总是打骂孩子，不仅会伤害孩子的自尊心，还会使父母在孩子心目中的威信丧失。

②如果孩子因此养成暴躁的性格，以后还有可能出现暴力倾向，一旦他们有能力对抗，就会用同样的方式对待父母，甚至将拳头挥向那些比自己弱小的人，这对孩子的人际关系和个人发展都是非常不利的。

③当孩子与他人相处不如意或遇到某些不良刺激时，很容易条件反射地产生攻击行为。尤其是在只有打骂、没有爱和关怀环境中长大的孩子，他们的心理早已扭曲，他们没有归属感和释放情绪的出口，容易出现暴跳如雷的行为等。

有位母亲经常打骂孩子，浑然不觉孩子压抑着的愤怒。有一次，她一怒之下又打了孩子，想不到孩子竟抓起一只矮凳朝她扔了过去。孩子还狠狠地说："走着瞧，我会让你生不如死。"从此之后，孩子把母亲当仇人一样，母子之间对立了很多年。这位母亲可能没有想到，打骂之下，自己在孩子心中早就不再是爱的化身，而是怨恨和报复的对象。有的孩子，让他往东，他偏要往西；有的孩子越打越不认错，甚至离家出走，混迹社会；有的孩子因为冲动走上犯罪道路，这些与父母的打骂不无关系。曾经轰动网络的一起灭门案，追根溯源，这个亲手杀死自己亲人的凶手，就是一个被打大的孩子。

（4）孤独孤僻。

总是被打骂的孩子会感到很孤独。尤其是那些被当众打骂的孩子，他们的自尊心会受到极大的伤害，他们会觉得自己低人一等，怕招来别人的嫌弃和厌恶，所以他们从不主动和别人交流，也不喜欢和别人玩耍，久而久之，他们的性格会变得比较孤僻，内心也越来越孤独。

（5）撒谎逃避。

孩子为什么会撒谎？原因很简单，如果不撒谎，可能得不到自己想要的，或者会遭到惩罚，或者会付出惨重的代价。被打骂就是一种痛苦的惩罚，为了避免这种痛苦，有的孩子在做错事情或违背大人意愿时就会撒谎。由于孩子的谎言极易被父母拆穿，这可能又带来了更严重的打骂，久而久之，就形成了恶性循环，孩子撒谎也就成了习惯。

2. 溺爱、纵容——迁就式教育

与打骂式教育相对应的另一种错误教育方式，那就是以溺爱、纵容为主的迁就式教育。如果说打骂式教育会摧残孩子，那么迁就式教育就是对孩子的另一种摧残。溺爱有毒，这种教育方式会让孩子不明是非、为所欲为，会给孩子带来无穷的坏处。

古语说"慈母多败儿"，对照生活中的很多事件，这句话是很有道理的。有一个"孤犊触乳，骄子骂母"的故事，讲的是古代有一个人，一直被母亲溺爱、娇惯和纵容，变得自私暴虐，经常谩骂和殴打母亲。直到有一天，他看到一只母牛的乳头被小牛的犄角触伤，鲜血淋淋。有人说"这头小牛竟然这样对待牛妈妈，应该杀了"；也有人说"牛是畜生，可是有的人连畜生都不如"。他猛然意识到自己这样对待母亲，连畜生都不如，于是幡然悔悟，改正了自己的行为。

什么是溺爱？就是不管对错，都由着孩子的性子来，一味惯着孩子。有哪些表现反映了父母对孩子的溺爱呢？概括起来主要有以下4个方面。

（1）一切以孩子为中心。

父母溺爱孩子，捧在手里怕摔了、含在嘴里怕化了；很多父母还会用物质来表达对孩子的爱，只要是孩子想买的东西都满足。孩子从小就处于中心地位，享受着"我是中心"的特殊待遇，事事优先，处处被维护。他们不知道背后他人的辛苦和付出，往往不懂得珍惜，更不懂得感恩和体贴；他们只做对自己有利的事，而对其他人和事漠不关心，慢慢地变成了自私无情的人。

（2）包办一切，代替孩子的成长。

溺爱孩子的家庭，父母舍不得孩子消耗精力，大事小事都舍不得让孩子做。小到给孩子挤好牙膏，大到学习时间的安排，读什么学校、选什么专业，这些都是父母代替做的，因此孩子养成了衣来伸手、饭来张口的习惯。

这些孩子没有动手做事的机会，动作技能也得不到足够的发展，更缺少在动手做事的过程中获得的成就感和自信心；他们的学习能力与思维能力也没有得到很好的发展，导致能力很弱。因为缺少做主和锻炼的机会，所以当独立面对社会时，他们会不知所措，产生"只有你们会做，我不会做"的自卑心理，也会因不能适应社会激烈的竞争而被淘汰。

（3）过分迁就孩子。

有些父母因为怕孩子不开心、哭闹等，一味迁就。而孩子也习惯了

"我想怎样都可以"，一旦需求得不到满足，就会以哭闹、不吃饭、不睡觉，甚至自虐要挟父母。万般无奈之下，父母只能不断向孩子投降，更加没有底线和原则地迁就孩子。孩子通过这种"要挟"控制了父母，父母丧失了在孩子心中的威信，不被尊重甚至被蔑视，而孩子也会更加随心所欲、无所顾忌。

（4）过分袒护孩子。

父母呵护孩子本是天经地义的事情，而如果错误是孩子自己造成的，无论是有意还是无意，都应该由孩子自己来承担责任。现实中，很多父母偏偏不这样，反而是拼命袒护，处处帮助孩子逃避责任。

这样的例子生活中屡见不鲜，有一个小男孩在踢球时不小心摔倒了，腿上划破了皮。母亲走过来心疼地说："以后咱不踢足球了，这个足球把宝贝都弄伤了。"这是很多父母在孩子小时候常有的做法。他们将孩子受的伤和委屈都归罪到外界，这本身就是推卸责任的做法，会让孩子形成不正确的责任观，总当"受害者"，认为自己的一切问题都是别人造成的，从而迁怒甚至伤害他人。

从小就在父母过度袒护中长大的孩子，尝到的永远是生活中的甜，而不知道生活中的苦。受伤了，父母悉心呵护，犯错了，父母包容允许，最终导致他们以自我为中心，更不懂对家庭还有义务。他们期望不劳而获，习惯性地推卸责任，更不愿为别人做半点让步和牺牲；他们自私自利，好处都是自己的，坏处和责任都是别人的。

3. 死要面子、爱慕虚荣式教育

人都有虚荣心，爱面子其实也无可厚非。与此同时，面子也如同包袱，越在意越沉重，越会受其所制。

父母要面子、虚荣心强，有时是因为怕，怕被人笑话，怕被人看不起，怕被人指指点点；有时是因为渴望，渴望被人艳羡，渴望得到别人的尊重，渴望别人知道"我很牛"。人往往有一种心理，就是当觉得自己不如别人时，就要踩在梯子上做高人一等状，似乎只有把别人比下去，才能证明自己是优秀的。教育也是如此，如果父母对自己没有自信，就很容易要求孩子高人一等，以此来平衡内心对自己的不肯定。如果父母太要面子，苦的是孩子。

当父母听到别人炫耀他们的孩子时，对比自己并不那么"优秀"的孩子，心里的确不是滋味，可能感叹孩子比别人笨，也可能怀疑自己教子无方，更可能对孩子产生一股无明火。例如，见到别人的孩子字迹工整，恨不得撕了自己孩子的作业本；瞧见别人的孩子弹得一手好琴，不禁痛斥自己的孩子不肯勤练。

再加，开完家长会回到家，母亲就把儿子狠狠揍一顿："你还有脸哭！给你开家长会我都觉得丢人！"父亲看不下去说道："儿子考得也还行啊……""什么还行！鹏鹏比他多考20分呢，鹏鹏妈今天一直在我面前嘚瑟。"这位母亲就是为自己的面子过不去而抓狂，她觉得"我儿子要比别人强，才能让我有面子"。

这样的父母并不是个例，想想这些话你是不是也曾经对孩子说过？孩子一定不能比朋友家的差，孩子拿了第一名，父母才觉得脸上有光，否则就抬不起头。总之，孩子就得成为让父母骄傲的资本。

小时候，父母一直和瑞瑞说，第一名才是最好的，瑞瑞考好了，他们就有面子。瑞瑞父亲是个很严肃的人，而只要瑞瑞考了第一名，他就会特别高兴，和别人聊天也会故意说起孩子的话题，然后骄傲地听对方的羡慕和赞美。

瑞瑞一切以学习为主，在父母的催促下努力学习，只做在父母看来光荣的事，他最害怕的就是有人比他考得好，学习似乎就是为了让父母有面子。

父母爱面子，苦的是孩子。一则，孩子可能勉强为之，被逼得争强好胜，却不知道在这个过程中，孩子内心埋藏着压力、无奈和反感。渐渐地，孩子变得敏感、缺乏安全感，一点点失去了自我。再则，父母给孩子传达了一种错误的价值观：人的价值是建立在外在的能力以及别人的赞赏之上的。这等于是在告诉孩子：别人的肯定与掌声十分重要，你需要去获得别人的肯定。没了自我的孩子，又怎能真正成长呢？

4. 刻板、循规蹈矩式教育

爱和规矩是教育孩子的两大法宝。父母给孩子定太多的规矩，有太多条条框框的限制，也会让孩子产生没有空间的窒息感。比如，"走路小心点""不要随便拿爸爸的东西""见人要问好""家庭作业要先做""在班上要争取第一""要有出息"……这些都是现实生活中，很多父母给孩子定下的规矩，并以此为标准来约束孩子的行为。父母认为，这些规矩会帮助孩子少走弯路，会让孩子的前途更加光明。于是，他们把这些规矩美化成"爱"，美化成对孩子的关怀，与时俱进地更新规矩，时常提醒孩子坚决不容破坏规矩。在孩子眼里，父母的话就是不能反抗和拒绝的"命令"，他们选择了顺从，选择了循规蹈矩地生活、学习，成了父母眼里最乖、最听话的孩子。

过度的规矩教育是害不是爱。如果说没有规矩不成方圆的话，规矩太多也会让孩子无法成方、成圆，会压抑孩子，导致孩子失去自我。孩子会通过长期以来的条件反射形成一定的生活习惯，造成思维定式，遇事不懂创新，不会主动思考问题，还会养成逆来顺受、听命于人的怯懦性格。对处于青春期的孩子来说，过度的规矩教育会让他们心中的不满无处宣泄，严重的还会造成亲子关系的疏离。因此，规矩教育要把握好尺度，过犹不及。

有个女孩因为生长在单亲家庭里，承载着母亲很多希望，母亲给她定立了各种规则，内容涉及生活、学习、思想等方方面面，囊括了生活的所有。这个小女孩最终无法忍受，选择用自杀这种极端方式来逃避和对抗。小女孩直到被抢救过来，说的仍是："妈妈，我想要自由，不要给我定那么多规矩。"

父母可以给孩子立规矩，但爱是前提，不能本末倒置。

5. 恐吓、严防死守式教育

有人曾经总结了"童年四大阴影"：拿针管扎孩子的医生，收废品顺便拐卖孩子的老人，藏在黑暗角落里吃孩子的妖怪，专抓不听话孩子的警察叔叔。之所以能有这样的总结，源于孩子们都接受过这种"恐吓教育"，尤其是"再哭，医生就来了""不听话，妖怪会把你抓走"，这些言论都曾给孩子的内心留下过阴影。

孩子天生有很重的好奇心，看到什么都想摸一摸、玩一玩甚至尝一尝，这些尝试可以帮助他们探索世界，但也会让他们身处在各种危险之中。为了确保安全，有的父母会用各种恐吓方式教育孩子。那么，孩子真的安全了吗？真的会自我保护了吗？

我们通过分析父母常用的恐吓方式，来看看这样的安全教育效果究竟如何。

（1）权威威胁，就是"如果你不……，我就……；如果你敢……我就……"通常孩子表面上会顺从，内心未必心甘情愿，甚至会有对抗的情绪。这些情绪积压在孩子心里，久而久之，会以其他方式表现出来，比如上课不认真听讲，做事拖拖拉拉之类。换言之，威胁的方式可能确保了安全，副作用却也不小。

（2）发誓和保证，指的是父母要求孩子用发誓和保证的方式，遵守要求或不再犯错。之所以这样做，是为了让孩子用誓言和保证的方式自我约束，而父母能因为孩子的誓言获得内心的踏实感。这种方式本身就是对孩子的一种变相威胁和恐吓，也是对孩子的不信任和道德捆绑。

（3）恐吓，就是"我会让你……（代价）""你会……（代价）"。这样的方法特别容易出现在父母对孩子无计可施的时候。父母只能选择用孩子的软肋或敏感点去吓唬孩子，让孩子因为害怕而放弃冒险或者学会保护自己。比如，晚上孩子不肯睡觉，母亲会对孩子说："快闭眼，不然大灰狼来咬你了。"孩子吓得立马闭上了眼睛。天黑了，孩子要出去玩，母亲就会对孩子说："别出去，外面有大怪物！"孩子一害怕，就不敢出去了。孩子爱哭，父亲就说："再哭，医生就来给你打针了！"孩子由于怕医生打针而止住了哭声。很多父母都很愿意使用各种夸张的恐怖故事对孩子进行安全教育，效果立竿见影，绝大多数孩子都被"吓住"了，只是父母不知或忽略了恐吓可能会给孩子的一生带来不好的影响。

孩子出生之初，并不懂得什么是害怕和恐惧，他们的神经系统很脆弱，恐吓对他们来说是一种很强的刺激。由于孩子年幼、缺乏知识经验，不了解事物之间的因果关系和事物之间的相互联系，因此对于没有见过的、没有感受过的或者没有体验过的现象和事物都存在戒备心理。如果父母利用孩子的这种心理来吓唬孩子，将会在孩子心灵深处埋下"怕"的种子，长此以往，会导致孩子的情感受到压抑，进而损害神经系统，在大脑皮层留下恶性刺激的痕迹，压制脑细胞的生长发育，就会导致孩子胆小孤僻、忧郁懦弱、缺乏勇敢探索的精神，对孩子身心发育都有阻碍。

另外，孩子的屈从是基于父母的恐吓，而不是对自己行为的认识，容易造成孩子是非不分、真伪莫辨，从而对事物产生错误的认知。比如，孩子对打雷刮风、闪电下雨等正常自然现象感到恐惧，还害怕警察和医生，甚至不再信任父母。

6岁的嗨宝父母都是上班族，暑假里嗨宝只能和身体不便的奶奶待在家，这让母亲十分担心。为此母亲把嗨宝叫过来，再三叮嘱嗨宝千万不能开门。

看嗨宝似懂非懂地点点头，母亲还是放心不下，又对嗨宝说："外面坏人特别多，万一你开门，他们把你迷晕带走卖掉，你就再也见不到爸爸妈妈了……"等母亲走了，嗨宝却和奶奶说："妈妈说得不对，哪有那么多坏人，妈妈是怕我出去玩才骗我吓唬我的，奶奶带我出去玩吧。"

母亲说了那么多，孩子并没有完全相信，反而琢磨她说的话是不是有水分。这样的安全教育，其实是在用孩子对父母的信任作为代价。随着孩子的不断成长，他们会逐渐明白以前父母说的吓人故事，都是假的。毕竟，孩子很难理解什么叫作善意的谎言，反而会认为父母欺骗自己。

总之，父母用恐吓的方式来教育孩子，有百害而无一利，正确的做法是用科学的态度来教育孩子，耐心说服，启发诱导，以理服人，让孩子从小树立正确的是非观。

6.揠苗助长式教育

揠苗助长式教育是指父母们用高标准和严要求把孩子培养成"小大人"的教育方式。这类父母通常都希望孩子比同龄人更成熟、更懂事、更有能力、更有远见、更优秀……总之，就是不管孩子年龄多大，做人做事都要像德智体美劳全面发展的成人那样。

为了让孩子能够更加成熟稳重、明事理，父母总是盼望孩子快点长大，快一点长成父母心中期盼的样子。这类父母通常会对孩子有很多超越年龄的要求，比如必须知道什么、会做什么、经历什么。就拿读书识字来说，这类孩子可能刚去幼儿园，认识的字已经有数千个，还会画画、弹琴、做家务；才读小学，可能已经把四大名著读完了；小学毕业时，已经去过了多少国家，会了多少门语言，掌握了多少种技能。当然，有些孩子有天赋，完成这些轻轻松松，甚至乐在其中。然而，绝大多数孩子都要花费巨大的时间和精力，才有可能达到父母的要求。为此，他们需要牺牲和同龄人做游戏的时间，牺牲看动画片的时间、去游乐场的时间，甚至和父母在一起嬉戏玩耍的时间，只为了比同龄人懂得更多、会得更多。揠苗助长式教育给父母带来了炫耀的资本，甚至更早实现了让孩子赢在起跑线上的目的。

任何事情都过犹不及，父母望子成龙、望女成凤的愿望可以理解，对孩子进行适当的潜能开发、能力培养也是可行的。但无论孩子在什么年龄段，首先他要像这个年龄段的人，要让他们做这个年龄段的事；其次才谈潜能开发、赢在起跑线。若因急于求成而揠苗助长，虽然孩子赢得一身本事，输掉的却是做人的简单开心和快乐，赔上的是孩子在任何年龄段回忆起来都乏善可陈的童年，甚至孩子需要"用一生治愈童年"，这样的教育真的值得推崇吗？

7. 学业和成绩至上式教育

提起学习，很多父母的心声都是：只要孩子学习好，其他的事情都是次要的。有个段子说，有父母在孩子刚刚出生的时候，就计算出孩子距离高考还有 6414 天。学业和成绩至上式教育指的就是父母过分关注孩子的学习，害怕孩子输在起跑线上，一切只围绕孩子学习好、成绩好，从而过早施教。

学业和成绩至上式教育，父母只关注孩子学习的行为和学习的结果，焦点只有学习成绩。父母忽略了孩子学习的过程和孩子的感受，忽略了孩子学习习惯和学习态度的培养。时间久了，对学习有抵触情绪的孩子，学习成绩可能很优秀，但是其人格发展却可能会不平衡，甚至心理都有可能出现问题。事实上，孩子真正抵触的未必是学习本身，而是讨厌学习过程中需要承担的压力，抵触自己像个机器人一样只能学习的感觉。

坚持学业和成绩至上式教育的父母，他们对孩子学习要求特别严格，甚至到了严苛的程度，而对其他事情却不作要求，甚至代替孩子来做。有的父母把需要孩子自理的事情都包办了，这也导致习题集和各种试卷成了孩子唯一需要面对的东西。这些原本聪明可爱的孩子"两耳不闻窗外事，一心只为拿高分"，不是做题就是追求分数；他们不关心时事，对社会缺少最基本的了解，对其他事物知之甚少；他们能力发展不平衡，自理能力弱，抗挫折能力差；有的孩子还因此变得以自我为中心，心胸狭隘、自私、情感冷漠。这些孩子在成长过程中很容易出现问题。

这类父母更关心孩子的"成才"而忽视孩子的"成人"，他们认为家庭教育就是要辅助学校教育，要让孩子拥有好的学业和成绩，这固然是一个方面，但远远不够。父母还应该关注孩子人际交往、自理能力、性格养成、兴趣爱好、情绪情感等发展性因素，这些因素才是决定孩子未来人生质量的关键因素。

调查显示，很多父母只关心孩子的健康安全、学习成绩等现实性因素，对兴趣爱好、性格养成等发展性因素的关注度较低。

事实上，父母不仅要培养孩子多读书、读好书，还要培养孩子认识问题和解决问题的能力；培养孩子遵纪守法、辨别真伪、识别诱惑；培养孩子掌握必要的生存技能；培养孩子处理好人际关系，懂得如何公平竞争，如何面对挫折和失败。

8. 荣誉和结果导向式教育

前面我们提到的揠苗助长式教育和学业成绩至上式教育，归根结底是父母太注重荣誉感、太在乎孩子各方面呈现的结果。这些父母把名次、成绩和奖励看得很重，非常在意孩子带给他们的荣誉。他们的习惯认知是："你为什么考了99分，那1分哪里去了？""你怎么不努力考个第一名，第二名大家还看得见吗？""他们都会跳舞、唱歌，你为什么不会？"父母的关注点会导致孩子必须在乎这些，必须关注成功，孩子从小意识到成功对他们很重要，所以喜欢获奖、喜欢出名。这种荣誉和结果导向式教育，也会导致孩子抗挫折能力弱，当结果达不到孩子预期的时候，孩子就会输不起。比如有的孩子因为考试没考好而跳楼自杀，多半是这样的教育方式导致的。

这类孩子大部分的压力都来自家庭，他们是家里的"独苗苗"，集万千宠爱于一身，多数孩子身边围绕了数位满怀期盼的长辈，这让孩子情感负担太重，体验不到生活的快乐。父母认为孩子"不能输"，孩子从内心深处觉得自己"输不起""不敢输"。当孩子负担太重而无力承担时，就会产生"破罐破摔"的念头：我报答不了你们的恩情，你们也不要在我身上倾注太多的期望。有些成绩优秀、表现优异的孩子，会被一次不满意的成绩打击到一蹶不振，严重的还会辍学，甚至身心出现问题。

第二节　懂家庭教育沟通的雷区及解决之道

沟通是教育的基础，沟通的品质决定了教育的品质，而父母的素质决定了沟通的品质。

父母单方面决定不了教育的结果，教育结果是父母与孩子共同决定的。沟通在亲子教育中占了很大的比重，甚至贯穿孩子整个成长过程，父母与孩子每天都离不开沟通，很多亲子教育不顺畅的情况都源于不会沟通或进入了沟通雷区却浑然不觉。

无论是小学、初中还是高中，父母最大的苦恼就是很难与孩子进行良好的沟通，尤其是在孩子的叛逆期，父母更是无法找到与孩子良好沟通的突破口。当无法和孩子进行良好沟通时，教育是难以开展的。因此，亲子教育首先要解决的是沟通的问题，其次是父母要认清楚沟通的雷区有哪些，最后对症处理。

1. 雷区之说教及解决之道

所谓说教，是指父母在教育子女的过程中，经常喜欢给孩子讲大道理，然后理所当然地认为孩子应该按照这个道理去做。如果孩子按照父母所讲的道理去做，父母就会认为他们是好孩子。如果孩子没有按照父母所讲的话去做呢？父母就会认为这个孩子不乖、不听话、不可教等。事实上，虽然成年人拥有多年的人生阅历，但有些道理尚且不懂，更何况未成年人。如果父母想用大道理和说教让孩子明白，从而完成沟通，其实是件很困难的事情。

很多家庭时常上演这样的场景：父母在这边不停地唠叨，孩子在那边充耳不闻，甚至不愿意听了，就表情痛苦地用手捂住耳朵。之所以会造成这样的局面，很多时候都是因为说教太多了。

父母的话说得多了，孩子不愿意听，左耳进右耳出，他们会从不愿意听逐渐发展到不听，甚至不再和父母沟通。当沟通不再顺畅的时候，父母的教育就出现了问题，毕竟没有人喜欢被说教。

比如，父母对上小学的孩子说："你知道吗？爸爸妈妈每天这么辛苦，都是为了你。你一定要好好学习，要考上重点高中，将来读好大学，一定要给爸爸妈妈争光啊！你明白吗？"孩子可能会似懂非懂，应付父母说："爸爸妈妈，我明白。"仔细想一下，孩子是真的明白吗？未必。那么，孩子为什么要说明白呢？

因为孩子如果表现得不明白，可能就会遭受到父母的批评和指责："你这个孩子怎么这么不懂事，这么简单的道理怎么就不懂呢？你太让我们伤心了。"很少会有父母说："不明白？你真的是太棒了，因为在你这个年龄，你根本不可能明白，我们在你这个年龄的时候也不明白，爸爸妈妈很开心，你能勇敢地把内心真实的想法告诉我们。"事实上，真正这样说的父母几乎没有，因为有这样觉悟的父母，一般就不会向孩子说出"爸妈养育你太辛苦了，你必须要考好大学"这样的话。因为父母的辛苦和孩子考不考好大学没有本质的联系。

孩子一旦被父母说教，受到父母的批评与指责，内心就会自动开启保护机制。倘若再有下次或下下次，他为了避免被指责批评，哪怕遇到不明白的事，嘴上也会说明白；遇到不愿意接受的事，也会选择接受或沉默，而不敢反驳。尤其是当孩子迎合了父母的心思，违心地说自己明白或愿意，因此还得到父母的夸奖和表扬以后，孩子往往选择趋利避害，收起真实的自己，不敢去轻易表明自己的立场和观点。

正是这样的教育方式，最终导致很多孩子在成长过程中为了迎合父母和老师的喜好，不敢去表达他们内心真正的情感和想法。

因此，父母要警醒，成年人总结出来的道理，一个未成年人根本听不懂，与其通过说教向孩子灌输大道理，不如去用实际行动影响孩子。

之所以说教行不通，是因为有两个明显的错误。

（1）拿成人的标准去要求孩子。

作为成人，说教的父母往往带着固有思维，想当然地以为孩子已经达到了成人的高度。他们会认为自己懂的，孩子也应该懂；他们习惯从成人的视角，用成人的标准去要求和评价孩子、衡量孩子。

（2）企图缩短孩子的成长过程。

成人急于对孩子说教，无非是希望孩子少走弯路、更懂事，能够按照成人希望的样子去行事。事实上，这是一种变相的揠苗助长。一切希望通过人为手段缩短孩子成长过程的教育行为，都是违背基本教育原则的。

父母想要孩子明白人生的道理，就要允许孩子去尝试，生活即教育。如果父母希望孩子少走弯路，等于变相剥夺了孩子体验生活和自己成长的权利。

那么，如何解决呢？

与说教相对的就是让孩子去体验、去思考，从而形成自己的认知体系。也就是父母把尝试的机会和权利交给孩子，创造各种各样的场景让孩子去体验、去锻炼，顺应孩子本身的意愿去满足孩子。尤其是在孩子小的时候，父母要最大限度地去满足孩子的探索和学习的欲望，让他们多去经历和实践，这样他们的心里就不会因缺失体验而产生未完事务。当然不说教并不是不说话，而是要求父母去改变说话的方式，改变说话的角度，这样才能达到理想的效果。

案例一：

一个6岁的小女孩，看着母亲穿高跟鞋，她特别羡慕，于是经常在家穿着母亲的鞋子摆造型。有一天，她在商场发现了一双用来跳拉丁舞的鞋子，就特别想要。于是她央求母亲也给自己买一双，理由是其他小朋友也有这样的鞋，穿着高跟鞋才美。孩子想穿高跟鞋不是为了跳舞，这也不是一双用来日常穿的鞋子，在这种情况下，这位母亲该如何去做呢？是给她买，还是不给她买呢？

通常会有两种情况。第一种，母亲看到孩子坚持要买，本想告诉孩子"这种鞋子是用来跳舞穿的，鞋底也不适合在户外走路，会被磨损，而且你平时又不喜欢跳舞，买回去几乎没有机会穿，小孩子也不适合穿这类有跟的鞋……"这些话刚到嘴边，母亲就意识到自己特别有"说教"的味道。母亲看了看鞋子的价格，并不贵，于是她转换了思路，感觉这是一次很好的教育机会，她对孩子说："妈妈可以给你买。只是你要满足妈妈的一个要求，可以吗？"小女孩毫不犹豫地点头答应。"妈妈的要求就是买了之后你要穿着回家，妈妈想知道你穿着舒服不舒服，喜欢不喜欢。只要你答应妈妈这个要求，我就给你买。"

第二种，母亲会说："买什么买啊，你才6岁，穿这种鞋，一旦崴了脚受了伤怎么办呢？这种鞋华而不实，你现在没学跳舞，买了之后又没用，还浪费钱，你知不知道浪费是很可耻的事情？你也知道妈妈挣钱有多不容易，这钱花得太不值了，所以我是不会给你买的。你要想吃什么或者去玩什么，妈妈都可以答应，可是买这种没用的东西，妈妈绝对不同意。"这种做法是生活中很大一部分母亲的做法。

母亲的做法不同，自然也会出现两种不同的结果。第一种，被母亲理解、关心和爱的小女孩，听到母亲愿意给自己买喜欢的鞋子，内心会特别满足。因为与母亲的约定，所以母亲一付完钱，小女孩就迫不及待地换上了新鞋，非常开心。不出所料，因为从来没有真正穿这类鞋子走路，小女孩掌握不好全身的平衡，脚扭来扭去，还没离开商场就跌跌跄跄，好像都不会走路了。又坚持了一会儿，小女孩开始后悔了，她觉得不该买这双鞋子，于是穿回了原来的鞋子。

母亲这时候才耐心地和小女孩说明不同鞋子的用途和穿的场合，包括鞋子的优劣势。小女孩听得特别认真，最后还和母亲说等她自己长大了再买高跟鞋穿。妈妈通过这次买鞋子，不仅让孩子懂得了各类鞋子的特点和穿着要求，做了一次鞋子的普及教育，同时还让孩子感受到母亲对自己的包容和爱，在以后想要一些东西的时候，会去想是不是一定要、有没有必要买，这也就慢慢养成了小女孩理性的消费观。

第二种，由于母亲没有给小女孩买高跟鞋，小女孩每次经过商场，看到柜台的高跟鞋，都十分向往。这个小女孩慢慢长大，她最大的爱好就是买高跟鞋，所以她有各种各样的高跟鞋。她的高跟鞋情结也许不是因为喜欢穿高跟鞋，而是因为她最初想穿高跟鞋的时候没有穿到，这对她来说就是一个"未完事务"，所以现实中总想去"完成"，用过度补偿的方式来弥补当时失落的心。

这个故事并不是让父母去满足孩子的一切欲望，而是学习如何让孩子通过体验来成长，去了解当体验和感受没有被及时满足时，给孩子带来的影响是什么。孩子有遗憾和缺憾时会更期待、更向往，甚至把憧憬变成"夙愿"。针对这种情况，纵使父母道理千千万，孩子都未必听得进去，他们可能还会觉得很委屈。

父母要学习的就是如何让孩子有更多的机会去体验，如何帮助孩子设置体验。体验不是孩子想干什么就干什么，也不是让孩子去做冒险的、危险的，甚至是不合常理的事情。体验是指在安全的范围内，让孩子最大限度地学习和实践。因此，体验不是为所欲为，更不是听之任之。

体验的过程就是教育孩子、培养孩子和塑造孩子的过程，可以让孩子习得足够的综合能力。

案例二：

有位父亲觉得自家的孩子比较自我，又不肯接受批评，就特别想教育教育他。这位父亲没有对孩子说教，而是采用了体验的方式。他是怎么做的呢？

一天早晨，父亲煮了两碗面，一碗面上有荷包蛋，另外一碗面上没有。他说："儿子，今天两碗面，你一碗我一碗，你小你先选。"孩子看了看，一个有蛋，一个没蛋，于是说："我要吃有鸡蛋的那碗。"父亲就问他："你确定？"孩子点头，把有鸡蛋的那碗面端过去了，甚至还有些小得意。父亲一声不吭，端过另外一碗面开始吃。他一边吃，一边故意翻腾碗里的面，结果翻出了两个鸡蛋。孩子看到父亲碗里有两个鸡蛋，有些不高兴地说："你刚才没鸡蛋，面底下怎么会有鸡蛋，而且还是两个？"父亲说："我是让你先选的，是你确定要选有鸡蛋的那一碗呀！你现在后悔了吗？"那孩子不好意思说后悔，可是心里有点不爽。智慧的父亲接下来说了段让孩子把体验转化成经验的话。他说："你先选择了那碗有鸡蛋的面，到最后我有两个鸡蛋，你却只有一个。你看，想占便宜，最后也未必能占到便宜。"这位父亲用这种方式，顺理成章地让孩子对如何做人、如何做事有了理解。

　　隔了一段时间，又是吃早饭，父亲故技重演，他又让孩子选择要哪一碗。孩子有了上次吃亏的经验，犹豫了一下，指着那碗没有鸡蛋的面说："我选这碗。"父亲看了看说："你确定今天选没有鸡蛋的这碗吗？"孩子想了想，说："我确定，我要这碗。"父亲说："你不后悔？"孩子说："不后悔，绝对不后悔。"孩子就把没有鸡蛋的那碗面端过去了，父亲则把表面上有鸡蛋的那碗面端过去开始吃。儿子迫不及待地翻面，以为会像父亲上次一样能翻到两个鸡蛋，结果令他大失所望，他选的面里一个鸡蛋都没有。更令孩子生气的是，父亲选的那碗下面又翻出一个蛋，最后的结果是父亲吃了两个鸡蛋，孩子一个也没吃到。孩子很生气，觉得被父亲算计了。父亲偷偷观察孩子，貌似不经意地问："哎，你好像不高兴啊？""没有啊。我只是好奇为什么你又是两个蛋？""是不是你先选择的？""是的。""当时你是不是说确定的？""是的。""是不是你说不后悔的？""是的。""既然这样，你是不是要接受你那碗本来就没有鸡蛋啊？"小家伙哑巴吃黄连，没办法，就只能认了。父亲趁机给孩子分析："你看想占便宜的人呢，容易吃大亏。就像你，上次好歹还有个鸡蛋，这次一个都没了。而且，每次都是你自己先选的，你当然得为自己的选择负责任。"孩子通过两次体验，终于明白贪小便宜吃大亏的道理了。

后来还有第三次选面，孩子吸取了前两次的经验教训，主动放弃自己先选，让父亲先选。父亲毫不犹豫地把上面有鸡蛋的那碗面端过去了，孩子只好端那碗没有鸡蛋的面。孩子拿筷子在碗里一翻，惊喜地发现里面有个荷包蛋。父亲也故意翻腾自己的面，里面什么也没有。这一次，终于是父子俩平局，每人碗里都有一个鸡蛋。儿子很开心地说："哇！以为这次没有鸡蛋，没想到居然有，太开心了！"父亲及时引导："不想占便宜的人，生活是不会让他吃亏的。"儿子心悦诚服。

这位父亲用这种方式让孩子理解，而不是通过说教，让孩子感受到并体验到了。父亲所有的做法，最终指向的结果和想要达成的目的就是孩子要为他的选择负责任。通过体验，孩子有学习有参与，也更愿意接受结果，如果用说教的话，是无法让孩子心悦诚服地接受结果的。

关于父母如何去帮助孩子设置体验，如何允许、支持孩子获得体验，这位父亲的方式方法值得所有父母学习和借鉴。

2.雷区之比较及解决之道

所谓"比较"，就是指父母在跟孩子沟通时，为了鼓励自己的孩子，总是拿孩子的缺点和其他孩子的优点去做比较。比较的产生，就是源于父母只看到别人家孩子的优点，而看不到自己家孩子的亮点。由于父母总是误入比较的雷区，网络上据此还写过这样的段子：

茫茫宇宙中，有一种神奇的生物。这种生物不玩游戏，不聊微信，天天就知道学习，次次年级第一。这种生物可以九门功课同步学，妈妈从来不用担心他的学习，这种生物叫作别人家的孩子……

这种生物能考硕士、博士和圣斗士，还能升级黄金、白金和水晶，他不看星座、不看漫画，看到电脑就想骂娘……这种生物琴棋书画样样精通，甚至会刀枪剑戟、斧钺钩叉；这种生物长得好看，写字好看，成绩单也好看，就连他的手指甲都是双眼皮的；这种生物每天只花10块钱都觉得是奢侈和浪费。优秀的别人家孩子啊，请不要让我妈认识你！

父母总是看到自己的孩子懒惰成性，而别人家孩子是父母勤劳的小帮手；父母总是看到自己的孩子吃饭挑肥拣瘦，而别人家孩子一定是荤素搭配、营养均衡；父母总是看到自己的孩子成绩不稳定、忽上忽下，而别人家孩子一定是名列前茅且依然坚持用功，举手投足都散发着智慧光芒的尖子生。

父母总是拿自己的孩子与别人家的孩子相比，特别是用自己孩子的不足之处与别人家孩子的优点相比，这种做法有百害而无一利。因为父母总给他们一个参照物，别人家孩子才是好，自己就是四不像。如果父母认识不到比较对孩子造成的伤害，孩子就一定会留下深深的阴影。他们会无力、自卑、没主见。当自卑感和无力感在心灵上留下重创之后，他们就会觉得自己是"无用的人"，陷入"自我无价值感"的深渊，对什么都不感兴趣，破罐破摔。

"比较"是破坏孩子心理动力的杀手。父母会说："我想让孩子比别人更好，有错吗？"没错，孩子好是当父母终其一生追求的。然而，父母最大的问题在于，他们追求的不是孩子好，而是孩子如何比别人好。父母做的其实是助人损己的事情，长别人的志气，灭自己孩子的威风，经常被拿来比较的孩子会逐步朝着不好的方向去发展。

如果夫妻之间，丈夫对妻子说："你做的菜还不如邻居家做的。"妻子会有什么想法呢？她心里一定会有情绪。父母应该会发现，越去比较，孩子内心越有情绪，他们会认为：我不如别人好，我不如别人厉害。孩子慢慢会变得很不自信且很自卑。

为什么父母喜欢比较呢？因为在父母的潜意识中，他们不允许孩子比任何人差，所以习惯拿孩子去跟别人比较。比谁的成绩好，比谁的能力强，比谁拿的奖状多，比谁考的学校好……久而久之，就养成了攀比的习惯。别人有了，自己没有，就会拼尽全力去拥有。如果不能拥有，就增加很多烦恼。孩子受到大人世界的这种攀比风气影响，也形成了攀比的习惯，最终只会让孩子逐渐迷失自我。

当父母的一定要反省：你拿自己孩子和别人家孩子比较，是因为你的内在不允许自己孩子失败。孩子长大后，就会因为不断攀比而变得很辛苦、很累。

陷入"比较"雷区最终导致的是一个人自我价值的缺失，自我价值的缺失又导致了一个人自我的不健全，从而导致了一个人身份的不完整或不清晰，也就是对于"我是谁"模糊而不确定。如果不知道"我是谁"，不知道什么事应该做、什么事不应该做，这将是一件很可怕的事情。而很多父母每天做的事情，就是让孩子只知道父母是谁、老师是谁，却不知道"我是谁"！

"比较"这个雷区的终极解决之道，就是父母学会找到孩子身上的优点和闪光点，并且能够适当地进行鼓励，让孩子在鼓励中不断去提升自我，直到完善自我。这也是帮助一个人建立自我价值的过程，对孩子和成年人一样有效。

因此，无论是父母还是老师，不要去比较和打击孩子，不要让孩子失去信心和动力，不要让他们对未来变得踟蹰不前，变成一个连自己都不相信的人。每个孩子都需要被肯定，父母要做的是发现孩子的亮点，给予他们肯定、支持和足够的力量，让孩子不断自我提升和自我完善，直到建立强大的自我价值。孩子只有有了健全的身份，最后才能成为一个优秀的人。

3. 雷区之忽略及解决之道

一个孩子内心最大的渴望就是得到父母的关注和陪伴。如果父母长期对孩子放任自流，不去关注和陪伴孩子，就是一种忽略。

忽略是一种非常严重的冷暴力。暴力包括了 3 个层面：第一个层面是肢体暴力，这也是最低级的暴力；第二个层面是语言暴力，语言暴力比肢体暴力更可怕；第三个层面就是冷暴力，如果想毁灭掉一个人的话，完全忽视对方的存在就可以了。

比如，留守儿童的父母常年在外打工，他们大多都是由爷爷奶奶抚养，因为缺少陪伴、得不到父母关注，留守儿童要比有父母陪伴的孩子问题多很多。调查显示，很多留守儿童心理都处于亚健康状态，因为这些孩子一直在被忽略的状态下成长，心理怎么可能完全健康呢？目前，关爱留守儿童已经成了关乎社会民生的重要话题。

忽略造成的后果很隐蔽却又很严重。孩子的情绪感受被忽略，常见于 4 种形式：第一种是说教，父母说教时以讲道理为主，根本不关注孩子的感受；第二种是惩罚；第三种是交换，就是为了让孩子不要哭不要闹，父母用玩具、美食去哄逗孩子，却忽略了孩子当下的情绪感受；第四种是冷漠，就是父母对孩子置之不理。

父母忽略了孩子的情绪感受，这会给孩子的一生带来九大隐患。

（1）孩子不接受父亲，内心力量不足，自信心不够。

（2）孩子不接受母亲，人际关系混乱。

（3）孩子很在意外界的评价，接受不了批评。

（4）孩子的安全感不足，经常逃避现实，活在自己的世界里，讲不通道理。

（5）孩子恐惧多，怯懦、退缩、胆小。父母不知道或不承认孩子真实的恐惧。比如孩子认为有鬼，父母会觉得这是童言无忌或开玩笑，殊不知在孩子的世界里，让他们恐惧的"鬼"是存在的，而父母完全忽略了孩子的感受。

（6）孩子过分追求完美，对自己苛求。

（7）孩子性格孤僻，不合群，沉默寡言。

（8）孩子有暴力倾向，性格暴躁，害怕失败，输不起。

（9）孩子过分关注周围人对他的需要，过度牺牲，没有自我。

关于这九大隐患，父母要对号入座地去观察孩子的表现，审视自己的教育方法并及时调整。因为隐患有一天会变成祸患，祸患会变成灾难。在生活中，这样的例子太多了：孩子离家出走、抑郁自闭、对父母暴力、轻视生命……当忽略变成一种灾难，悔之晚矣。

除了以上九大隐患之外，孩子还会因为感觉的屏蔽出现躯体问题。一个人的疾病，很重要的一个原因就是跟情绪有关。当他们情绪不通畅、淤堵时，就会带来身体的诸多症状。普通人都以为那是病，事实上，除了器质性病变之外，绝大多数孩子的躯体症状都是因为被忽略、感受没有被尊重而造成的。

比如说过敏，过敏要找过敏源，但很多孩子的过敏源并不是花粉、粉尘和橡胶，而是自身的情绪，是生活中发生的某些事情让孩子不适应、不舒服，孩子就过敏了。当孩子情绪感受的不适消失后，过敏就不药而愈，也就是说，孩子感觉的改变直接决定了身体症状的改变。发烧、溃疡、咽炎、咳嗽、哮喘、多动、抽搐、嗜睡、贫血、消化不良以及各类皮肤问题等，这些大多是忽略给孩子带来的躯体反应。

曾经有位母亲说孩子体质不好，年年发高烧，月月要输液消炎。通过学习之后，她才清醒地意识到，真相不是孩子体质有问题，而是她长期屏蔽孩子的感觉，不允许孩子的情绪得到释放、不允许孩子的感受得到表达。这类孩子通常肝火重，他们的情绪需要宣泄，现实中却只能憋着、忍气吞声，最后身体就出现了经常发烧的状况，经常需要输液消炎。当这位母亲做出改变，给孩子允许，减少限制后，她惊喜地发现孩子居然很少发烧了，效果非常好。

父母要认识到，孩子身心是一致的。当内外情感不一致时，表象呈现是身体症状，深层次是孩子的情绪感受被忽略。当孩子有躯体症状时，父母要先从孩子的感觉和情绪上入手，再去对照症状，进行针对性治疗或调整。

忽略的终极解决之道是有效陪伴。每一个家庭的孩子不同，陪伴的需要也各有不同，并不是每个孩子都希望被父母天天拥抱、抚摸、举高高。父母只有充分地了解孩子需要的陪伴方式，才可以做到因材施教、有的放矢。

这里给大家分享两类孩子不同的陪伴需要：

有一类孩子，需要的是身体陪伴，就是要父母用身体陪伴的方式来表达对他们的重视，比如有的孩子十六七岁了，还喜欢黏着父母。父母可以经常给这类孩子做身体触摸、按摩和拍打，互相拥抱依偎着，他们就会特别有安全感。而如果给他们太多空间和独处的时间，他们就会觉得被冷落。这类孩子需要的陪伴方式不是要父母和他们说多少话、做多少事，而是只要满足他们的身体需要就足够了。

还有一类孩子，他们需要有效陪伴的方式是不受大人约束，只需要自己的空间。这类孩子的陪伴需求是：爸爸妈妈，请给我自由；爸爸妈妈，请给我空间；爸爸妈妈，请给我允许。对于这类孩子，父母的拥抱、抚摸反而会让他们不舒服，陪伴只会让他们烦躁不自在，像被"监控"了一样，所以对他们来说，最有效的陪伴是"你想一个人玩，当然可以，有需要来叫爸爸妈妈就可以了"。如果在户外，在视线范围内，父母就给他们空间和自由，允许他们自由自在，这种感觉对孩子来说是最愉悦和最幸福的。

陪伴不仅需要知道孩子的需要，还需要用心。假如人在心不在，孩子也有被忽略的感觉，真正的陪伴是要从内心出发。

案例三：

影片《季春奶奶》讲的是季春奶奶跟她孙女之间的故事。

季春奶奶是个海女，常年生活在海边，靠捕捞为生。奶奶非常不幸，她的儿子和儿媳妇很早就过世了，给她留下了一个孙女叫慧智。在老太太的眼里，这个孩子就是她活下来的动力。很长一段时间，祖孙俩特别幸福、特别温暖地互相陪伴度过。

有一天，慧智遭遇事故而失踪。奶奶特别着急，她到处去找都找不到，她意识到这个孩子可能再也回不来了。她在海边有套房子，亲戚劝她："你年龄也越来越大，咱们换个地方住吧，不要在这里了。"可是季春奶奶却说："我不能离开这里，如果我的孙女回来了，她会找不到我。"因此，奶奶一直没有更换住址，始终盼星星盼月亮一般，盼着陪伴她很多年、给她很多温暖的孙女慧智回家。

直到有一天，有人通过各种方式找到了她的孙女。很快，这个女孩就回到了她的身边。在与孙女的互动中，她依然像多年前对待小孙女一样地去爱她，可是孩子却总爱躲避。不管这个孩子如何躲避，季春奶奶都一如既往地去爱她，因为那是她最爱的孙女。

甚至在季春奶奶为女孩做事的时候，这个女孩还去偷她的钱。奶奶也发现了这个女孩和以前的慧智不同，女孩有很多大家认为不好的习惯，可是她心里一直有个声音："这是我最爱的孙女，我愿意为她做一切。"

直到有一天，孙女偶然了解到，原来奶奶真的为她做了很多事情，包括给学校老师送东西，为的就是让老师给她更多的关注，例如让老师教她画画。孩子冰冻的心慢慢被融化，开始跟奶奶有了更多的互动，祖孙俩彼此依偎着，好像又回到了很多年前。

有一天，慧智的叔叔拿了一张化验报告过来告诉奶奶，这个孙女跟她没有任何血缘关系。这一刻，奶奶还是做了一个决定，也许她早就知道这并不是她的孙女，但她却愿意一如既往地宠爱和陪伴这个孩子。

这个孩子其实叫恩珠，是被父亲完全忽略长大的孩子。因为父亲对她置之不理，她就像一个弃儿一样，变成小混混，干了很多坏事。父亲对她做的唯一一件事情就是找她要钱。因此，这个叫恩珠的孩子，被她父亲冒名顶替了慧智，来骗取季春奶奶的保险费。恩珠就是这样来到了奶奶身边。

恩珠来到奶奶身边的时候，是个满身劣习的孩子，是奶奶的爱和陪伴令这个孩子的心慢慢地温暖起来，从封闭到打开再到卸掉盔甲。她享受跟奶奶在一起互动的感觉，甚至用她自己的方式去表达，她特别希望能和奶奶、慧智一起过未来的生活。奶奶可以有她的亲孙女，同时她也愿意作为奶奶的另一个孙女和奶奶生活在一起。

奶奶一如既往地爱着恩珠这个孩子，直到后来恩珠完全变了一个人，变得越来越优秀，奶奶给这个孩子的陪伴和关注起到了重要的作用。

后来，奶奶因为年纪大走失了，这个叫恩珠的女孩子到处去找奶奶，直到把她找回来。恩珠就像当年奶奶对待她一样，给了奶奶足够的爱和温暖。这是两个人互相取暖的感觉，是彼此支撑和互相陪伴的感觉。奶奶陪伴恩珠，让她找到了爱和自信，活出了不一样的人生；而奶奶，在恩珠的陪伴下，也有了幸福的晚年。

通过这个故事我们可以看到，恩珠是被父亲忽略的，所以她有很多劣习和问题，有很多让人不能接受的行为习惯，而奶奶用陪伴的方式温暖了她的心。

真正有效的陪伴就像阳光和爱一样，它可以滋润每一个人的心，可以帮助打开封闭的心，可以帮助卸下沉重的盔甲，可以让人与人之间做到真诚互助。在影片中，最后有一句话说："爱是什么都介意，最后什么都原谅。"有效陪伴也是最高质量的爱，对孩子、对成人都一样。

4.雷区之溺爱及解决之道

"溺"，词典上解释为淹没的意思。人被水淹没了叫"溺毙"，如果父母不加节制、没有原则地去爱，那也会"淹没"孩子，这就是溺爱。

溺爱是过分的爱，即娇宠、姑息、迁就、纵容。溺爱使孩子变懒、变弱、变自私、变得冷酷无情，严重的还会毁掉孩子。现在忙碌的年轻父母，把孩子交给老人照顾，这种溺爱现象就会更多，"隔代亲"让老人对孩子的缺点和错误视若无睹，也给父母教育孩子带来一定的阻碍。

溺爱有两个标准，符合其中任何一个标准都算溺爱。第一个标准是父母无条件满足孩子的任何要求。溺爱是不分原则、没有底线的爱，会导致孩子没有原则、没有规则意识，为了满足自己的欲望和诉求什么事情都敢做。

溺爱的第二个标准是父母包办代替。只要孩子把功课学好，其他什么事情都是父母做。衣服要父母穿，书包要父母背，被子要父母叠，起床要父母喊……对于这一切，很多父母都习以为常。有一些家境富裕的家庭，对孩子的物质需求无节制地给予满足，这些孩子不懂生活的艰辛、不懂通过努力创造财富的道理，他们缺乏为生活而奋斗的体验和动力，最后孩子逐步丧失了独立自理的能力。

案例四：

有篇关于神童被退学的报道，神童被退学不是因为学不会课程内容，而是脱离母亲照顾后，完全无法安排自己的学习和生活：热了不知道脱衣服，大冬天不知道加衣服，穿着单衣、趿着拖鞋就往外跑；房间不打扫，屋子里臭烘烘的，袜子、脏衣服到处乱扔；神童经常一个人在寝室里看书，却忘了还要参加考试和撰写毕业论文，为此有一门功课记零分，而没写毕业论文也最终令他失去了继续攻读博士的机会，只能退学。这是一个在父母溺爱下人生折戟的典型例子。

我们中国有一句古语："惯子如杀子。"这句话是永恒不变的真理。很多父母或隔代长辈因为"爱孩子"而听不到"惯子如杀子"的声音，看不到"惯子如杀子"的现象，更无法想象到"惯子如杀子"的危害，因此也不知道溺爱对孩子一生的危害有多深。"父母之爱子，则为之计深远"，父母不要让自己的错爱和溺爱剥夺了孩子成长的机会。溺爱的雷区是指无原则的爱，那么要解决溺爱就要有原则、有底线。

父母不能保证对孩子的教育一定都是正确的，但是不能因为自己错误的教育方法和教育理念，给自己和孩子制造不必要的麻烦，甚至危机。坚持原则和底线是父母教育孩子的方向，至于如何做才是坚持原则和底线，这是"仁者见仁、智者见智"的事情。不同类型的孩子，他们的原则和底线也不同，有的是自尊心，有的是关系，有的是面子，有的是安全感，有的是自我价值，有的是资格感，有的是存在价值……所以父母需要有针对性地去坚持原则和底线。

5. 雷区之以大压小及解决之道

所谓"以大压小"，就是父母以自己作为长辈的身份，总是强迫孩子做出他们不希望或者不愿意做出的行为，这样的情况为以大压小。这个世界上最低级的教育形态就是打骂，而打骂就属于以大压小的教育方式。

以大压小的沟通方式引发的教育后果是什么呢？孩子可能因为惧怕，暂时做出父母希望做出的行为，但是孩子的内心会对父母越来越封闭。当孩子的内心对父母完全封闭之后，孩子就没法被教育了。有一句话叫："孩子打皮了、骂滑了，管不了了。"

好的教育形态是身教和爱教。所谓身教，就是父母只有从自身做起，给孩子起到榜样示范作用，孩子才会有样学样，这就是身教；所谓爱教，就是重视情感教育，父母将孩子视为平等的生命个体，和孩子有真正情感上的沟通，这才是最高级的教育形态。孩子生命的原动力是情感，而以大压小的方式是摧毁情感教育的"元凶"。没有反抗能力的孩子在父亲或母亲的打压下，他的心灵是悲凉的，他看到的父母不是父母，而是上级，是高高在上的施暴者。有句话说："当父母对着年幼的孩子举起拳头、挥起巴掌的那一刻，就是在向孩子宣布自己是无能的。"一旦父母对孩子以大压小，孩子内心对父母笃定的情感就会动摇。

美国儿童心理学家海姆·G.吉诺特曾说过："惩罚不能阻止不良行为，它只能使罪犯在犯罪时变得更加小心，更加巧妙地掩饰罪行，更有技巧而不被察觉。孩子遭受惩罚时，他会暗下决心以后要小心，而不是要诚实和负责。"

因此，父母一定要走出以大压小的教育雷区，给予孩子正确的引导和帮助。以大压小的教育形态之所以错误，还在于父母没有重视孩子的情感需求、没有视孩子为平等个体、没有与孩子的人格平等对接。替代以大压小最重要的方式就是父母要用孩子的视角去平等对待孩子、去感同身受孩子的需要，用情感和爱去滋养孩子，让孩子感受到被爱和被接纳的感觉。只有这样，孩子才更有信心和力量去活好自己。选择并且针对性地给孩子爱的滋养，是每一位父母都必须学习的。

规避以大压小的教育形态，首先，父母要接受与孩子共同成长的过程。孩子小时候关注的焦点在于开心不开心、愿意不愿意、舒服不舒服，完全停留在感觉层面。当孩子慢慢成长，接受了越来越多的社会教育、变得越来越理性时，才会想到应该不应该。既然如此，父母要想跟孩子实现人格平等，就要从内心出发，要去了解孩子的情感需求，这样才能真正让孩子听到想听的，收获想要的。比如，父母可能认为孩子需要宠爱，事实上孩子需要的是认可；父母认为孩子需要的是支持和帮助，而孩子需要的是欣赏和赞美。真正的情感交流是走心的，并不需要方法和技巧，走心只源于愿意去做。父母愿意尊重孩子的感觉，人格上平等对待，才不会走入以大压小的教育雷区。

其次，父母要和孩子平等交流和沟通，要尽量尊重孩子这个独立个体，平等对待。平等的背后是父母要在心里全然地、欣然地接纳孩子，而不是把孩子当作附属品，要求孩子必须听话照做。

有这样一个故事，国王特别想领养一个孩子，他决定去一家兄弟姐妹特别多的家庭去领养。那些哥哥姐姐一听说国王要来领养孩子，就开始努力地排练和准备。只有最小的那个妹妹，她什么想法都没有，她对社会没有太多的理解，也不知道能够做些什么。当哥哥姐姐在准备时，她就帮着哥哥准备衣服，帮着姐姐练习技能。国王微服私访，当妹妹看到国王时，因为大家都在忙自己的事情，没有人管这个陌生人，所以她主动给国王端茶倒水、用心接待，国王最后选定这个孩子作为领养的孩子。那些兄弟姐妹愤愤不平，质疑国王没有认真挑选，国王说："因为这个孩子在我面前是最真实的样子，我要的就是一个真实的孩子，我爱她本来的样子。"

6. 雷区之缺少同理心及解决之道

亲子沟通的最后一个雷区——缺少同理心，其核心就是父母通过自己的价值观去评判孩子的行为。

老师在学校批改试卷，对的题打钩，错的题打叉。事实上，父母心中也有一个个无形的钩和叉。孩子一个行为，父母认为孩子是对的，就给他打个钩；父母认为孩子是错的，就给他打个叉。孩子的行为不同，父母对待的方式也不同。

有心理常识的人都清楚，一个孩子和一个成年人做出同样的行为，背后的动机是完全不一样的。有些孩子的表面行为是对的，但是动机可能是错的；有些孩子的表面行为是错的，但是他们的动机可能是对的。

案例五：

有个寓言故事：狐狸请鹤吃饭，它端上一个圆盘，盘里盛着粥，狐狸舔着盘子吧唧吧唧，鹤的嘴又长又尖，喝不到只能干瞪眼。过了一阵子，鹤回请狐狸，它端上一个带着又细又长的嘴儿的罐子，结果这次狐狸怎么也吃不着，然后它们就这么"友尽"了。

看了这个故事，我们可能会忍俊不禁地嘲笑狐狸和鹤方式搞错了，其实在亲子关系上，父母就经常犯这样的错。父母总是自以为是，通过自己内在的判断去对待孩子，结果方式错了，孩子并不领情，也就起不到教育的作用。

父母对孩子的评价是否正确，要看父母的见解是否正确。父母的评价主要来源于家庭教育的基本知识和基本观点，而正确的见解必须是要符合社会主流文化政治、道德标准的。在教育孩子的过程中，父母要少一些先入为主的观点，尽量避免过分主观、缺少同理心，在提升自己价值观的同时，还要加深教育见解，真正理解和引导孩子。

孩子的世界是神秘的，是成年人不了解的世界，父母不想走入缺少同理心的教育雷区，就要明白"三心理念"。

（1）好奇心。

例如，孩子从幼儿园回来，看到母亲就说："妈妈，王八蛋！"作为父母，你会有什么反应呢？第一是生气，第二是吃惊，还有呢？愤怒吗？总之遇到孩子这样，大多数父母都持否定的态度，会质疑和批评："谁教你说的？你怎么能骂人呢？以后不许说。"有些脾气暴躁的父母上去就是一巴掌。

这位母亲很懂教育，她面带笑容地蹲下来和孩子平视，说："儿子，妈妈今天非常好奇，你为什么要对妈妈说这三个字？"母亲没有批评，也没有表现出不良情绪，孩子说："妈妈，今天有个小朋友和老师说了一句'王八蛋'，老师就和这位小朋友说了很长时间的话。我现在也说了这句话，你是不是也会和我说很长时间的话啊？"

孩子想和母亲多些时间说话，这就是孩子的动机。这位母亲说："儿子，以后你希望妈妈陪你，只要说'我爱你'这三个字，妈妈就会过来陪你，可以吗？"孩子点头表示记住了。孩子的动机其实很简单，如果大人不了解清楚就直接制止，好奇心驱使着很可能让他跟大人反着来。

（2）慈悲心。

慈悲心就是指父母在和孩子说话时要思考一下，什么话能说什么话不能说，什么对孩子起积极作用，什么对孩子起消极作用，尽最大可能不说伤害孩子自尊和心灵的话。教育家陶行知"四块糖的故事"就是慈悲心最好的案例。

案例六：

陶行知在小学当校长时，某天，他在校园散步，看到一名男生用泥块砸自己班上的男生。陶校长当即制止了他，并让该生放学后到校长室去反省。

放学后，陶行知组织老师开会，就把这件事情遗忘了。等他回到校长室的时候，看到男生在门口等着准备挨训。陶行知急忙走上前，一见面就掏出一块糖送给他，男生惊讶地接过糖。陶行知说："这是奖给你的，因为你准时，我却迟到了。"说完，他又掏出一块糖，说："这也是奖给你的，因为我让你停止扔泥块时，你立即就住手了。这说明你尊重我，我当然应该奖励你。"此时，该学生更加惊讶了，他的眼睛睁得大大的，表示不解。

陶校长又掏出第三块糖，男生不敢接，他就塞到他手里，说："我调查过了，你用泥块砸那些男生，这不是你的错，是因为他们欺负女生。你的行为，说明你是一个正直善良的学生，勇气可嘉，应该奖励你啊！"

孩子忽然感动得流着眼泪说道："陶……陶校长，我错了，你……你打我两下吧！我砸的也不是坏人，而是自己的同学呀！"陶行知听后满意地笑了，随即又掏出第四块糖，说："你看你现在已经正确地认识了错误，我要再奖励你一块糖。好了，我的糖发完了，我们的谈话也到此为止了！"

陶行知先生的这种教育方式，足以证明一个教育者、一个引导孩子的人怀有慈悲心的可敬与可贵。

（3）同理心。

同理就是感同身受的能力，就是父母会不会站在孩子的角度去理解孩子。

同理心分两个部分，第一个是意愿问题，这个世界上有人从不愿意站在别人的角度思考问题；第二个是能力问题，有人愿意站在别人的角度思考问题，但是他不知道别人在想什么。因此，同理心既是意愿问题，又是能力问题。

案例七：

苏霍姆林斯基曾经讲过一个故事，某中学，有一个同学托着下巴往窗外看，没有认真听课，那天刚好是他班主任的课，班主任就走过来问："你怎么不好好听课呢？"这个孩子用非常忧伤的眼神看着老师说："我奶奶昨天晚上去世了。"这个孩子的父母在二战时都已去世，是他奶奶把他抚养大的。老师说："你奶奶去世跟你学习有什么关系呢？你爱你奶奶，你不是更应该好好学习吗？"孩子听完当场就跟老师争执了起来。

课间操时，这个孩子没有参加。老师回到教室，看到这个孩子正在教室休息，就说："你不好好上课，还和我顶嘴，课间操你也不上，一点纪律性都没有。"这个孩子说："我就不上怎么着了！"老师说："你等着！"老师刚走出教室没有几步就听见教室里"咣"的一声，这个孩子把教室的花盆摔碎了。老师给这个孩子定了一个破坏公物的"罪名"，还连拉带扯地把他带到了校长办公室，老师用自己的语言把孩子的所作所为阐述完后，校长直接勒令孩子第二天课间操时，当着全校师生的面道歉。这个孩子越想越生气，于是就在楼道里点了一把火，这把火一下子烧死了 200 多个孩子。

苏霍姆林斯基在案例后提出一个思考：法院究竟应该判谁有罪呢？毕竟，假如那位老师或校长稍微有一点点同理心的话，这个悲剧是完全可以避免的。同样，今天有的孩子采取极端行为，如果事前父母和老师稍微有点同理心，很多教育的悲剧都是有可能避免的。

第六章
懂孩子独一无二的特质和因材施教的方法

德国哲学家莱布尼茨说过："世上没有两片完全相同的树叶。"我国也有"龙生九子，各有所好"的说法。这些都在强调世间万物是有差异性的。作为大自然的一部分，人与人之间有共性的部分，比如世界各地的人相貌迥异，但五官、四肢、身体结构却是一致的。人与人之间还有个性部分的差异，从婴儿房里每个婴儿不同的反应就可以看出，每个婴儿之间是存在差异性的。

作为父母，不仅仅要懂得孩子作为一个"人"的共性特征，还要懂得孩子最"独一无二"的核心特质，并进行针对性教育，这才是真正的因材施教。比如同样是二年级的女孩子，这个女孩文静内敛，那个女孩活泼调皮，教育的方式方法肯定是要有所区别的。

专家们对人类行为研究发现，一个人身上通常都会有两种甚至多种截然不同的状态。就像有人在单位很勤快，回到家却很懒惰；在爱人面前话很多，在其他人面前却沉默寡言。这类人并不分裂，也不是双重人格，他们只是根据角色和场合及个人状态的需要，游弋在几种状态里，就像冬天光秃秃的树木和夏天郁郁葱葱的树木都是同一棵树木一样。基于此，下文将从孩子常见的两两相对的状态来探索孩子独一无二的特质以及因材施教的角度和方法，以支持每一个孩子活出自我，活出身心合一的健康状态，活出独特的风采。

第一节　自立自为闲不住的孩子与自卑退缩很无力的孩子

1. 特质表现

自立自为闲不住的孩子往往表现出很强的活力，他们从小闲不住，喜欢创新和挑战自己，享受不断体验、不断尝试的感觉；他们很独立，行动力强，不喜欢求助于别人，自己走路，自己拿东西；他们胆子很大，不管做没做过的事情都会尽量去尝试，什么事情都想自己动手做，能亲力亲为的事情就不让别人代劳。他们有自我突破的能力，有敢去尝试的勇气，有担当后果的魄力，有努力做成的自信。这类孩子，在幼儿园里会自己拿凳子、拿碗、拿勺吃饭，会哼着小曲哄自己睡觉。

这类孩子喜欢带头，擅长发号施令；学习也是边玩边学，因为闲不住；喜欢做别人没做过的、有挑战性的、完成目标时限短的项目，如考级、比赛之类，受不了枯燥乏味、重复和没有挑战的事情；当班干部也是喜欢带大家一起做。他们不喜欢长期目标，容易三分钟热度、虎头蛇尾、不了了之。

如果这类孩子从小被父母允许和支持，他们从小到大就会有很多机会去尝试和体验，也会有很多机会按照自己的想法去做想做的事，他们的能量非常足，内在有力量又有自信。在这样的环境中长大的孩子，只要他们想做、愿意做或有条件做的事情，就会全力以赴。这类孩子对未知不惧怕，对别人的阻拦和劝说无所畏惧，他们不断地用行动去践行内心所想，这种"初生牛犊不怕虎""敢于做第一个吃螃蟹的人"的精神，其实是这类孩子最好的成长状态。

越是自立自为闲不住的孩子，越容易在尝试的过程中表现出胆大无畏和冒险的精神。父母则往往担心孩子去闯祸，所以就会对孩子有诸多不允许和干预控制，他们会通过否认孩子的能力和水平去打压孩子蠢蠢欲动的心，比如总把"这事你做不了""这事你肯定不行"之类的话挂在嘴边。孩子觉得做什么都束手束脚、做什么都不被允许，更得不到父母的支持，甚至因为自己想法多、胆大，还经常被父母否定和打击。时间久了，他们会因为大人的干预而开始怀疑自己，行动力越来越弱。这也导致他们体验少、成就感少，自我认可和肯定的机会也少，认为自己不如别人，更加没有信心和力量去突破自己，畏难心理越来越明显，想的多、做的少，越来越往后退……他们陷入一个自我否定的怪圈里，逐渐变成了自卑、退缩的孩子。

案例一：

婷婷就是这一类孩子，她从小就喜欢亲力亲为，喜欢自己尝试。父母、爷爷家和外公家的规矩都特别多，对她是处处提醒、各种限制和诸多不允许。她从小听到最多的话就是"你不能、你不行、你不可以、你不会、你做不到、你做不了"等，导致她对外界的探索欲望不断被扼杀。她现在才7岁，做什么事情都是"我不行、我不敢、我怕"。

案例二：

郭子，10岁，是个喜欢给别人当哥哥的男孩，遇事总是勇敢地冲在前面，很有"男子汉气概"。有一次，他带着一群小伙伴玩野外游戏，在过程中需要穿越一条漆黑的地道，尽管他也很害怕，可还是壮着胆子鼓励其他小朋友一起往外走。提重物时，他总是跑在前面拿最重的，他像个大人一样谦让着团队里的其他弟弟妹妹们。这个男孩勇敢、有担当、有责任心，问其父母，原来他从小胆子就大，做什么事情都能一马当先往前冲，特别能干和勇敢。父母也觉得男孩子多去经历是好事，只要能确保其安全，很多事情都放手让郭子去体验和尝试，因此也培养了孩子自信、有担当和负责任的品格。

因此，如果遇到性格开朗、勇敢并且自主性特别强的孩子，父母要敢于放手，要在确认没有危险的情况下让孩子不断尝试并及时给予孩子积极的鼓励和指导，让孩子先天具备的能量发挥得更加充分。这不但有利于孩子的成长，日后也会让父母更加省心，毕竟孩子从小学会自主自立，长大才能自强。

2. 因材施教的角度和方法

对于这类小孩，父母最重要的就是"看见"他们，或者是按照他们本来的样子接受他们。他们通常需要更多的肯定，所以父母要鼓励他们多做且努力做到。这样可以让他们觉得，按照自己本来的样子做事或者活着是没有问题的，他们是真正被爱着的。否则，这类小孩可能觉得他们必须去赢得父母的爱和认可，必须努力学习或者做些什么才能得到父母的关注。因材施教的角度和方法具体为以下 8 个方面。

（1）父母要多鼓励肯定、少批评否定，少说孩子不行、不好，尤其不要经常拿孩子和其他人比较。

（2）父母要允许孩子自己的事情自己做，在确保其安全的前提下，多让孩子做一些他之前没做过的事情。

（3）父亲一定要多陪孩子、多和孩子互动，让孩子感受到父亲对他们的欣赏和重视。

（4）父亲在孩子面前注意不要过分严厉，也不要过分软弱，要有成熟男人的阳刚之气。

（5）父母要引导孩子做事，把大目标变成小目标，一步一步地完成，满足孩子做事喜欢"短平快"的感觉。

（6）父母要多肯定孩子的行为，让孩子有信心和力量去行动并能完成，当孩子受到的外在肯定和内在认可足够时，他就会越来越自信。

（7）父母要引导孩子做自己力所能及的事情、不逞强，不要为了让别人觉得自己厉害而去做能力范围之外的事情。

（8）父母要鼓励孩子做事情必须有始有终、善始善终，不能虎头蛇尾、半途而废。

第二节 温暖顺从很体贴的孩子与强势生硬不示弱的孩子

1. 特质表现

温暖顺从且很体贴的孩子从小就会表现得特别黏人，父母走到哪里，尤其是母亲走到哪里，他们就会跟到哪里，他们喜欢被拥抱和抚摸的感觉。比如，他们小时候经常是父母抱着就睡，一旦放在床上就哭；他们做什么事情都喜欢征求意见，比如，"妈妈，我这样做对吗？""爸爸，我这样做行不行啊？"这样的孩子在很多人眼里都是乖巧懂事听话的。同时，这类孩子也特别敏感、情感细腻、性格温和、很体贴别人，最在意的是人际关系，担心出现人际冲突，总怕被拒绝，所以也经常在人际关系中妥协。

这类孩子非常有耐心，他们希望有人陪伴，喜欢跟人在一起的感觉。如果选择兴趣班，有没有人陪伴决定了他们是否喜欢和是否愿意坚持，他们和小伙伴一起学就很开心，劲头十足；如果需要自己单独学习或者类似一对一的辅导私教，他们就觉得很孤单、很无趣。这类孩子对老师有要求，有耐心、温和和慈爱的老师才能入他们的心，他们会因为喜欢老师对待他们的态度而爱上老师的课程。

这类孩子在成长过程中特别容易受母亲的影响，他们依赖母亲，很在意和母亲的连接互动，他们也很喜欢去迎合和讨好母亲。无论母亲是什么状态，孩子内在都有想去亲近的驱动力，倘若亲近不成，就会硬邦邦地拒人于千里之外；反之，就会很依赖母亲。如果母亲是温柔的，孩子长大后会示弱，容易和别人建立关系。如果母亲很强势，孩子就不会说软话，不会撒娇和示弱，他们会和人保持距离，把自己封闭起来，不让别人靠近。由于他们内在有被爱和被关怀的需要，因此他们就会形成"反依赖"，喜欢口是心非、言不由衷、刀子嘴豆腐心，最终变成了强势生硬、不会示弱的孩子。

案例一：

甜甜母亲说甜甜从小就是一个非常黏人的孩子，在她出生后的近一年里，甜甜母亲都没有吃过一顿正常的饭；等她会走路了，母亲去哪里，她就跟到哪里，连上厕所都不能分开。因为她一旦看不见母亲就会哭得撕心裂肺，好像受了莫大的委屈一样，这也导致她母亲每次上厕所都只能抱着她。后来上学住校，只要没接到母亲的电话或者联系不上，她就会痛哭流涕，很多人都说甜甜娇气，太过情绪化，而甜甜说是因为感觉离开母亲自己就不能活了。她现在长大了，每次回家，还是要跟母亲睡觉，因为她喜欢黏着、腻着母亲的感觉。甜甜还保留了小时候和母亲的一张照片，照片中她揪着母亲的衣角乖乖站着的样子，被家人笑称是她这个"跟屁虫"从小到大最经典的动作。

案例二：

芝芝9岁时父母离婚，她回忆说，父母经常吵架，而且一吵起来就变得很凶，她很害怕，也很伤心，总担心会有什么不幸的事发生。可过不了多久，父母又会和好如初，这让她觉得惊讶，也不明白这种关系。到后来大概习以为常了，她不再觉得吵架是一件什么特别的事，反正每隔几天，父母便会吵一场。后来父母真的离婚时，她一下子觉得心里松了一口气，甚至觉得这是一件好事。

成年后的芝芝，每次和老公发生争吵的时候，都会觉得他们也许会像父母那样分开，所以她认为吵吵闹闹不如离了算了，最后她真的离了婚。离婚后，芝芝像她母亲一样独自带着孩子生活。虽然她有着女人的外表，但强势而生硬。她觉得只要自己足够强大，就不需要依靠任何人，包括伴侣，反正离开谁都能活。

2.因材施教的角度和方法

对这类孩子，因材施教的角度和方法具体为以下 7 个方面。

（1）父母要多问问孩子的意见，引导孩子真实地表达自己的想法，比如，你认为如何？你喜欢怎样？你觉得怎么样？并在允许的情况下，母亲尽量让孩子按照自己的想法去做。

（2）父母（尤其是母亲）对孩子的态度要温和，要细心体贴，态度不能生硬，不能对孩子冷暴力，父母要以身作则。

（3）家人（尤其是母亲）要经常陪伴、倾听、抚摸和拥抱孩子，满足孩子在身体和情感上对家人的依恋。

（4）父母要引导孩子多和家长进行沟通交流，家长对孩子的耐心能让孩子更自信。

（5）父母要多关注孩子的喜怒哀乐，在给予足够陪伴的同时，也要鼓励孩子去行动和体验。

（6）父母要引导孩子多结交朋友，并教会孩子人际交往和化解矛盾冲突的正确方法。

（7）父母要引导孩子学会沟通技巧，必要的时候学会示弱、说软话，人际交往中注意不要硬邦邦的，不要使用冷暴力。

第三节　活泼乐观有才艺的孩子与消极负面很木讷的孩子

1. 特质表现

活泼乐观的孩子大多有个开心快乐的童年，他们天性热情、幽默、乐观；他们多才多艺，具有创造力和表演力，通常在写作、设计、绘画、手工、唱歌、跳舞等方面有天赋；他们喜欢用文字或通过动手、动脑、动嘴等形式来展示和表现自己。这类孩子很"放得开"，他们内心比较简单、单纯；他们属于"乐天派"，没什么心机，很多事情也都不太放在心上；他们享受在人前展示才艺、表演的感觉，喜欢被关注和被赞美，当然也很在意别人的评价；他们思维活跃、想法多、好奇心强，很容易被外界吸引，也很容易改变主意。这类孩子喜欢表达，也需要表达，他们的表达是否被接受也至关重要，这很大程度上影响着他们长大后的发展。

这类孩子渴望父母的关注和赞赏，父母在哪个方向肯定或赞赏多，他们就容易在哪个方向发展。当他们做的正向的事情没有得到关注的时候，他们可能就会去做一些负面的事情来博取关注，比如，人多的时候，他们就会"人来疯"，故意捣乱；他们在拥有创造力的同时，破坏力也很强，比如以表现和突出自己为主；他们快乐的动力是被大家关注、成为焦点。如果得不到关注，他们就会想办法博取大家的关注，否则会觉得自己不好，会产生"别人不喜欢我、别人看不起我"的心理错觉。这类孩子压抑自己、死板、木讷，他们沉默寡言、消极、自我价值较低。长期这样，最终就会变成消极负面的孩子。

案例一：

笑笑从小就是一个积极乐观、喜欢展示自己的孩子。她的小点子、小想法特别多，对待身边的人特别热情。在家里或者在外面玩耍时，她会主动给大家唱歌跳舞，人越多她越兴奋，那股热情劲儿上来时经常"刹不住"，大家都亲切地叫她"开心果"。在学校她经常给大家即兴表演，老师们都喜欢她，她一直是舞台上带领大家唱歌跳舞的那一个；学校集体演出，笑笑就是台上那个长得可爱、表情丰富、声音甜美的小主持人。她最喜欢的事情就是父母的朋友来家里，所有人都因为她开怀大笑的感觉，这些给她内心带来了极大的满足。

案例二：

因为父母经常吵架，阳阳从小就是一个不被关注的孩子。后来父母离异后，他被送到了奶奶家。由于奶奶身体不太好，还在帮叔叔家照顾老二，因此，阳阳得到的关心就更少了。他开始打架、逃学、玩游戏，整个人都变得很颓废，看问题也非常负面，学习成绩更是一塌糊涂。老师经常在班里点名批评他，父母因为他都曾被叫到学校，他还在办公室里被父亲恨铁不成钢地批评过。当时办公室里有很多老师，这让阳阳很没面子，因此他变得更加消沉，最后发展到以更加堕落的方式自暴自弃。谁也没看到他所有偏差行为的背后是在寻求父母的关注、老师的帮助。其实，孩子最不可爱的时候，正是最需要爱的时候。

后来，他父亲再婚，他和父亲、继母生活在一起。继母是个特别有智慧的女人，她"看见"了阳阳内心的孤独和无助，也"看懂"了他对父母关注、认可的渴望。因此，她就对阳阳给予了满满的关注，赏识他、肯定他、鼓励他。阳阳做得不好的地方，继母会在私底下悄悄地给他提醒，处处维护他的自尊心。同时，继母也经常找老师交流、探讨，慢慢地，阳阳一步步走向正轨，不良行为也都消失了。

2. 因材施教的角度和方法

对于这类孩子，因材施教的角度和方法具体为以下 10 个方面。

（1）父母要允许孩子享受做自己，当孩子能够享受自己的表达，被鼓励去为自己而不是为别人做事的时候，他们就会很快乐。

（2）父母要让孩子觉得自己有权利表达，同时告知他们表达要分时间和场合，以免因为表达伤害到别人或者让别人觉得尴尬。

（3）当孩子很真实地表达自己时，父母要给予肯定或者赞赏，而不是要求他们语言华丽，听起来很好听。

（4）父母要肯定和鼓励孩子创造的过程，不要用批判的眼光。父母赞赏他们的创造性努力比肯定他们学习进步也许更加重要。

（5）父母要多给孩子展示自己才能的机会，对孩子的行为及时给予认可和欣赏；做孩子最忠实的观众、听众和粉丝，让孩子觉得自己是受关注和欢迎的。

（6）父母要时刻维护孩子的自尊心和面子，当众表扬、私下批评。

（7）父母要多用轻松、愉快、有趣的方式和孩子互动，避免刻板对待孩子。

（8）父母要培养孩子正向、乐观地看待问题，并能积极主动地去解决问题。

（9）父母要多问问孩子，这真的是你喜欢的吗？父母要提醒孩子，不要仅仅是为了获得别人的好评而做某件事情。

（10）父母要培养孩子说话做事有诚信，不能只说不练、只想不做、变来变去。

第四节 稳重踏实很自律的孩子与凌乱无序没章法的孩子

1. 特质表现

稳重踏实很自律的孩子，真实、自然、乖巧、懂事。他们从小就特别会管理自己，好像天生就会对自己的事情做安排，安排自己的时间、安排自己的物品、安排自己与他人的关系……他们属于不待扬鞭自奋蹄的孩子。家里有这样的孩子，稳重而踏实，父母会比较省心，假如上学规定 7 点到校，即使父母想偷懒，孩子也会说："妈妈，快点，老师说了，7 点必须到学校。"

这类孩子懂得约束自己，有很多原则和规条。他们不放纵自己，踏实、靠谱、讲道理，很容易让人信任；他们会遵守规章制度，听从父母的安排和要求，"听话照做"对他们来说非常容易；这类孩子小时候会坚持"我妈妈说的""我爸爸说的"，读书后会坚持"我们老师说了"，再大些会坚持"我们领导说的"……总之，他们会认真遵守大人的要求和提醒，最终把这些内化成对自己的要求，逐渐形成个人做人、做事的规则。

这类孩子比较自律、按章办事，同时也说明不够灵活，遇到事情容易一根筋，转不过弯儿，不肯改变，也害怕改变。他们害怕事情失控，习惯提前规划，不适应突然的变化和调整。父母有什么计划好的事情要改变一定要提前和他们沟通，让他们有心理准备，不然会给他们带来极度慌乱不安的感觉。

这类孩子也会为了内心的安全感去做很多事情，循规蹈矩、听话照做，从而忽略了自己本身的需求和感受。过度小心的父母也很容易造成孩子做事的时候放不开，对简单的事情失去信任、产生焦虑，总担心什么事情会弄错，害怕不好的事情会发生。时间久了，他们不敢做自己，认为做自己是有风险的。这样的孩子长大后就不真实，害怕犯错，不敢突破和改变。

这类孩子也会有另外一面，当他们情绪不稳定的时候，他们会凌乱无序、不讲规矩、不遵守规则和要求，他们房间凌乱、物品乱放、生活没规律、贪吃贪睡、没有时间观念。他们活在自己的主观世界里，有自己自成逻辑的一套道理，经常自说自话、自欺欺人，这类孩子就变成了凌乱无序没章法的孩子。

案例一：

诗诗是家中的第一个女宝宝，父母都很疼爱她，她也特别乖，几乎不犯错，当然也不会被批评。诗诗学习很好，也很自律，完全不用父母操心，属于那种主动跟同学争第一的学生。她做事有计划、能坚持。诗诗还喜欢户外运动，经常到大自然中去。记得读中学时，诗诗因为身体不好，她就决定每天早起跑步。接下来的每一个清晨，她都会在闹铃声中起床出去跑步，既不需要父母喊她起床，更不用父母提醒逼迫。小时候的她脾气特别固执，用她母亲的话说就是"不知道转弯"，她认准的事谁都说服不了，成年后她的性格开朗了许多，更加懂得包容和谦让。

案例二：

有个2岁多的宝宝突然哭闹不休，只因为他母亲带他出去玩，回家后顺手就把他的帽子摘掉，并挂在了高高的衣帽架上，宝宝立刻指着帽子号啕大哭，也说不出所以然。大人更是莫名其妙，怎么哄都哄不好。最后母亲突然想到，之前每次从外面回家，她都是让宝宝自己摘帽子、自己挂帽子。于是，她马上给宝宝戴上帽子，抱起宝宝走出家门，然后重新开锁进门，让宝宝自己摘下帽子、自己挂上帽子。一试真灵，孩子竟然就不哭了。

2. 因材施教的角度和方法

对于这类孩子，因材施教的角度和方法具体为以下 10 个方面。

（1）父母要给予安全、允许真实、强调事实，不要过多干预孩子的生物钟，理解孩子有自己的饮食和生活习惯。比如孩子饿了，就要让他吃，如果不饿不想吃，也不要强迫；如果孩子困了，就要让他睡，如果不睡，也不要强迫。

（2）父母要允许孩子去探索、允许孩子犯错，不要一味地为了安全而不让孩子做事。

（3）父母不要鼓励或者强化孩子"必须努力才能有价值"的想法，否则容易让他们很没有安全感，长大后会为了所谓的安全感疲于奔波。

（4）父母要培养孩子遇到事情的灵活性，学习跳出事件看问题，避免死板和主观。

（5）父母要让孩子事前做好计划，尽量不要临时决定，不要搞突然袭击。

（6）父母对孩子要尊重，不要吓唬孩子或逼孩子去做他们不敢尝试的冒险事情，更不要让孩子去挑战他们始终不敢去做的事，比如孩子不敢玩过山车，勉强玩一次，可能会留下终生阴影。

（7）父母对孩子说话要明确具体，规矩要求要明确具体，不要含糊，便于孩子理解和操作；重视对孩子的承诺，有变化调整要提前告知。

（8）父母要鼓励孩子按计划、按步骤做事，当孩子自己制订的计划和目标完成后要给予及时的肯定和鼓励。

（9）父母要多给孩子做力度大的按摩，包括捏脊、拍打，让孩子身心得到放松。

（10）父母要经常带孩子亲近大自然，让他们的身体跟大自然融为一体，这有助于他们释放天性，更好地放松和做自己。

第五节　精力充沛有活力的孩子与懒惰压抑胆子小的孩子

1. 特质表现

精力充沛有活力的孩子表现出来的状态是精力旺盛、活泼好动、敢作敢为、不服管、不喜约束、胆大无畏、天不怕地不怕，常被称为"野小子""疯丫头"。他们喜欢自由自在，喜欢刺激性的运动和冒险，喜欢吃喝玩乐，重视五大感官的享受；他们灵活性强，应变能力强，面对挑战和压力，爆发力强。运动竞技类、刺激挑战类的运动和项目都非常适合他们。

这类孩子有时候精力过于充沛，会以自我为中心，只考虑自己的需要和感受，缺少同理心，不懂得体恤他人；他们没有全局观，只关注局部而不能顾及其他；他们容易被激怒，会变得狂妄自私、无法无天，有狂躁倾向。事后他们会自我反思，当意识到自己的错误时，也会主动认错道歉并快速改正；他们注重隐私、喜欢保守秘密，如果有些事情不想跟父母分享，父母就要尊重他们的空间感，不要试图侵犯，比如翻看了他们的日记，他们可能就会把父母排除在外，内心彻底封闭起来。

这类孩子也会有另外一面，如果在成长过程中，家里的长辈管得比较严，比如从小被恐吓威胁、说话做事有诸多限制、不允许冒险尝试等，这些就会导致他们有很多无厘头的恐惧（指不合常理的恐惧），安静、羞怯、胆小怕事，做事情缩手缩脚，同时为自己的恐惧感到羞耻；在社交中他们容易退缩，不敢坚持自己的主张，压抑自己真实的想法和情感，这种压抑会让他们不敢、也不愿意展示能量，慢慢地就变得懒惰不爱动，身体易出现不适，最终变成了懒惰压抑胆子小的孩子。

案例一：

燕子的父母上班很忙，从小就没有时间管她，所以她每天跑出去到处玩，什么刺激玩什么，其他小朋友越不敢的，她越要试试，爬墙、上树、掏鸟蛋，对她来说都是小事一桩。邻居们说她是"一匹脱缰的小野马"，看到陡峭的山要爬，看见河水不管深浅就蹚，最主要的是她经常把一起玩的小朋友们吓得目瞪口呆，而她看着小朋友们担惊受怕的样子，却笑得腰都弯了。

让所有人都无法理解又啼笑皆非的是，大家觉得很平常的一些事，比如突然看见一只绿毛虫、一只死老鼠，却能把燕子吓得腿脚哆嗦、全身发软、走不了路。燕子也知道是自己吓自己，可是心中莫名的恐惧升起时，她想控制也控制不住，实在令人费解。

案例二：

斌斌从小精力充沛、顽皮好动，上了幼儿园之后，很多规矩又让他很受约束。他不喜欢被老师管，经常不服从老师的安排，上课坐不住，小动作特别多，还故意捣乱，最后发展为捉弄小朋友、乱咬小朋友，令父母和其他老师都很头疼。斌斌父母也觉得他这样实在太调皮了，总担心他以后到处惹祸，所以开始对他凶巴巴的，要求也越来越严格。结果，他的确变得安静和收敛了，幼儿园老师也说他比以前乖了，只是开始变得容易生病，医生建议父母要改变养育方式，这又给斌斌父母带来了新的焦虑。

通过学习，斌斌父母才意识到，精力充沛的孩子不能管得太多，要给他们身体和心理的双重自由。同时，父母要让孩子多做一些剧烈运动，把能量释放出来。针对斌斌的情况，我给了斌斌父母一些建议。

（1）上幼儿园之前，父母早起一会儿，带孩子在楼下花园运动。比如骑自行车、玩滑板、跑步等，让孩子释放能量，让身体舒服放松，这样在幼儿园就能坐得住。

（2）父母给孩子报个架子鼓班。这种乐器需要全身运动，可随时随地帮助孩子释放能量，既不伤人也不伤己。同时，手脑并用敲击时，孩子能成为能量的中心，身体和心灵都可以得到充分放松。

（3）父母平时对孩子不要约束太多，在安全的范围内，尽可能多地给他相对自由的空间。

斌斌父母采纳了我的建议，对养育方式做了一些调整，结果孩子的状态越来越好，不仅上课注意力集中，还因为每天都有各种机会释放能量，他不再咬小朋友，还很享受打架子鼓，经常陶醉在自由自在的感觉中，开心不已。

2. 因材施教的角度和方法

对于这类孩子，因材施教的角度和方法具体为以下 7 个方面。

（1）父母要满足孩子身体能量释放的需要，给孩子足够的允许，引导他们多运动，在安全的范围内动、跑、跳等，多参与消耗体力的活动，将旺盛的能量释放出来。

（2）父母要给他们比其他小孩更多的空间，这里的空间包括物质和精神方面的。孩子能够有自己的房间是最好的，如果不能，父母也要给他们一个属于自己的角落；父母要让孩子睡宽大的床，穿宽松的衣服，给他们自由的空间，减少束缚，让孩子有自由感。

（3）父母不要吓唬和威胁孩子，当孩子害怕的时候，理解孩子没来由的恐惧，引导孩子不要总吓唬自己，要去勇敢面对，并及时给予关注和陪伴。

（4）父母要鼓励孩子大胆冒险和挑战，支持孩子的好奇心和冒险精神，允许犯错。在保证安全的范围内，满足孩子看到、听到、感觉到的感官体验，全然地活在当下。

（5）父母要允许孩子有天马行空的幻想，甚至不走寻常路、不按常理出牌，满足孩子追求与众不同的个性需要。

（6）父母在尊重孩子想法的同时，对孩子的行为也不能完全放任，听之任之，要提醒孩子在安全和道德的原则范围内做事。

（7）父母要引导孩子看到极端行为的后果和代价，要让孩子学习承担后果、敢作敢当。

第六节　懂事体贴有爱心的孩子与冷漠无情爱挑剔的孩子

1. 特质表现

懂事体贴有爱心的孩子被称为"小大人"，这类孩子从小就懂事，在大人眼里一直很乖、很听话。他们非常有耐心、爱心和责任心，他们能体恤大人的辛苦，会主动替大人分担责任，大人交代的事情也会尽职尽责地去做并做好；他们情感丰富，很容易感受到他人的需要，并且愿意多付出去满足对方或者替对方分担。当对方因为他们的付出变得开心、轻松或幸福时，那是他们最心满意足的时候。比如母亲累了，他们会主动帮母亲捶背；吃完饭，会主动帮忙洗碗；地脏了，会主动拖地……母亲轻松了，他们即使再累，都会感到很满足。

这类孩子很在意家人对他们的态度，尤其在意父母是否爱自己。他们小时候会以父母的喜好为标准，努力做父母心中的好孩子；读书后，则会以老师的要求为标准，要求自己。他们因太懂事、不顽皮任性，经常会忽略甚至是刻意压抑了自己的感受和喜好。

他们有很多道德标准和要求，做事情有评判的心理，会去考虑应该或者不应该，而不是按照自己真实的本性去做事。他们严于律己，追求完美，不允许自己犯错，犯错后也不轻易原谅自己。这类孩子会以成年的状态去过童年的生活。和同龄人相比，他们更有责任心、更愿意付出，所以也显得更成熟、更懂事，属于少年老成。

当这类孩子得不到家人的温暖和爱护、内心的情感诉求无人满足时，他们就会慢慢关闭心门，用另一种方式来面对世界，他们会变得计较、挑剔，抱怨周围人不付出，指责别人伤害了自己。如果涉及需要承担和负责任的事情，他们通常会把责任推得一干二净。尤其是和家人及爱人有关的，他们会表现得冷漠无情、很挑剔、没有人情味。究其源头，则是爱而不得之后的由爱生怨、由爱生恨。

案例一：

婉儿就是很典型的这一类孩子，从记事以来，她从来没有迟到过，作业总是按时完成，特别乖、特别听话。唯一的一次例外是初一时在操场开会，她被旁边同学拉住说了几句话，结果被老师在大庭广众之下直接点名。虽然老师没有再说什么，她却内疚了好久，觉得自己就是个坏孩子，好像做了天大的坏事一样，老师再也不会喜欢她了。这件事情压在婉儿心头很多年，就像人生的污点一样。她为什么会一直走不出来呢？后来她反思了一下，从小家里人对她的要求就特别多，希望她是一个替家里人争气的好孩子，她母亲经常告诉她上学不能迟到、要听老师的话、要给老师留下一个好印象。这种影响甚至延续到了婉儿成年后，成年后的她还是习惯听父母的话，不管是工作还是婚姻，都是以父母的满意作为前提。

案例二：

烨烨是个从小就特别在意父母的乖孩子，现在已经是个公众人物。有一天，他用吸毒颠覆了公众对"乖乖仔"的认知，而造成此事的原因却是他长期情感压抑。

第一种压抑：家教过分严苛。从小父母就对他极为严格，甚至有些暴力，他并不觉得父母的严格是对他的爱，反而认定他们根本就不喜欢他、不爱他，他虽然表面服从，内心却埋下了暴力和阴暗的种子。

第二种压抑：自我施压。烨烨的父亲是一个有社会地位的男人，他一直在父亲的光环下生活，可是他毕竟也是一个男性，他的尊严逼着他想奋力摆脱父亲的光环，他甚至把父亲当成了"竞争对手"。当然，他努力的效果并不明显，父亲的光芒始终是他觉得"我不行"的影子，慢慢地绝望感充斥了他的内心，他努力和超越的动力也越来越小。

第三种压抑：家庭的重担。这份压力来自"你的生命很重，我承担不起"。父亲长期不在家，导致母亲一直以来把他当成"精神伴侣"，依赖着他；而父亲的花心，又导致母亲有太多的委屈、抱怨、愤怒和绝望，这些情绪被母亲不断地投射到他身上。同时，因为他爱母亲，所以他不自觉地要与母亲一起承担，长期以来的各种承担令他不堪重负、进退维谷。从心理层面讲，毒品和网络的作用是一样的，二者都是对虚幻的快感成瘾，之所以很多人用这两种方法来解决问题，是因为一旦沉浸在网络或毒品中，就可以什么都不想，彻底逃避。

因此，父母要时刻观察孩子，看看孩子是不是属于表面懂事体贴而内心却压抑的类型？是不是宁可压抑自我，也要换得他人风平浪静的过度承担者？事实上，这类情况就像沉睡的火山一样，在父母看不见的地方时刻酝酿着，等到某一天爆发得淋漓尽致，让父母猝不及防。

下面的故事，就是针对这一类孩子而讲的。

有位母亲想让孩子懂得：爸爸妈妈的爱和孩子的行为无关。因此，就有了她和孩子以下的对话：

母亲认真地问："宝贝啊，妈妈问你，你觉得如果你在家里调皮捣蛋不睡觉，妈妈会不会打你？会不会生气？妈妈还爱不爱你？"

小家伙很严肃地看着母亲，犹豫了一下说："妈妈，你会生气的。你会不爱我的。"

母亲说："是的，如果你在家调皮捣蛋不睡觉，妈妈会生气，但是妈妈依然爱你。"小家伙舒了一口气。

母亲又问："如果你出去跟小朋友打架，你觉得妈妈会不会生气？"

小家伙想了一会儿，想想母亲刚才说会生气，这件事更严重了，肯定会生气，所以他直接说："你肯定会生气的。"

母亲问："你觉得妈妈还会不会爱你？"

小家伙开始犹豫了，他不确定这事和爱有多大关系。他说："我不知道妈妈会不会不爱我。"

母亲很坚定地看着孩子说："你跟小朋友打架，虽然妈妈的确会很生气，但是妈妈依然会爱你。"这次小家伙又舒了一口气。

母亲又问："你在学校不听老师的话，学习成绩不好，甚至还违反学校的纪律，你觉得妈妈会不会生气？"

小家伙毫不犹豫地说："妈妈，你肯定会生气的。"

母亲说："那你觉得妈妈还会不会爱你？"

小家伙说："妈妈还是会爱我的。"这次，他对答案已经很肯定了。

此时，母亲依然看着他的眼睛，很认真很坚定地说："你知道吗？如果你在学校里表现不好，包括你做了一些错事，虽然妈妈会很生气，但是妈妈依然爱你。"

关于被需要、被爱，如何去把握这个度，有个最重要的点就是要把孩子的行为和对孩子的爱区分开。

针对孩子的行为，父母可以有各种各样的意见、看法，但爱孩子不等于孩子一定要样样都是对的。针对孩子本身，爱要一直存在，无论孩子做了些什么，无论孩子怎么做，父母都会爱他。

2. 因材施教的角度和方法

对于这类孩子，因材施教的角度和方法具体为以下 7 个方面。

（1）父母要给孩子有爱、温暖的家庭环境，对孩子关心呵护，不能因为孩子太懂事反而不关注、不关心。孩子的懂事是为了得到更多的爱和关注，因而要让孩子能感受到父母和家人对他们的爱。

（2）父母要给予孩子无条件的爱、允许孩子犯错，无论孩子表现好坏，都要让孩子知道，父母是爱他们的，不抛弃、不放弃，这点对他们很重要。

（3）父母要让孩子多去感受，当做错事、做不好的时候，父母要理解和接纳孩子，不要去苛责和抱怨孩子。重要的是父母要让孩子明白，什么样的行为会引发什么样的结果，并做好负责任的准备。

（4）父母要教孩子为自己的选择负责任，学会承担选择后的结果。父母可以先设定一些简单的任务让他们去做，随着年龄增长可以增加难度，接着给他们更多的空间去做决定，然后由他们自己承担后果和责任。

（5）父母和家人要避免互相冲突、指责，不要以爱的名义对孩子提要求，更不要和孩子过多地诉说成人世界的悲苦，避免孩子觉得自己是父母的负担。

（6）父母对孩子的爱要用语言和行动表达出来，做得好、表现好的时候，及时肯定，让孩子真实地知道自己的优秀之处。

（7）父母要引导孩子学会尊重界限，不越界、不过度热心或包揽责任。

第七节　博闻强识爱思考的孩子与轻信无知不动脑的孩子

1.特质表现

博闻强识爱思考的孩子，从小喜欢观察、爱思考、爱问为什么、好奇心重、喜欢琢磨、喜欢拆卸、爱发明创造、探索欲望强烈，总想弄明白为什么会这样。比如，他们喜欢观察小猫、小狗、小虫子；他们会把家里的闹钟拆了重装，会自己制作玩具，钻研电脑编程、手机软件等；他们更享受"攻克难题"的感觉，不屑于太简单的玩具和游戏，反而喜欢拆卸组装有一定难度的玩具，钻研有一定深度和难度的学问技术，深入研究能够体现智力水平的游戏，围棋、象棋、航模、机器人等都是这类孩子非常青睐的项目。

这类孩子大多只和自己谈得来的人交往、不太合群，"话不投机半句多"是对他们真实的描述。当他们沉浸在独立思考研究中时，很享受一个人做事情的感觉，他们渴望独立的空间和安静的氛围，享受独处的感觉，甚至不愿意主动与人互动，总给人有点小清高的感觉。他们大多是外冷内热的，三观是否一致决定了他们是否愿意敞开心扉，进而呈现给人不同的感觉。

这类孩子擅长思考和观察，他们对人、对事物的看法大都不是人云亦云、照单全收的。他们会去分析总结，直到最后形成自己的观点和看法。因此，这类孩子知道的秘密也特别多，有时候他们可能什么都知道，只是不一定什么都说出来，他们更享受抽离出来做一个清醒的观察者和思考者。

这类孩子在学习和领悟方面，有固定的思维模式，有时候爱钻牛角尖。只有他们全理解了、逻辑上想通了，才叫彻底明白了。在接受新事物和新信息时，他们有时候会显得慢一拍，其实是因为他们正在思考内在的逻辑是什么。有些父母或老师却因此认为这类孩子又笨又慢、脑子转不过弯，甚至觉得是孩子的智商有问题。事实上，这类孩子慢在无法快速地表达和回应，因为他们的大脑一直在思考，想让自己彻底弄明白，就会忽略或无法兼顾外界的想法和要求，所以父母要给这样的孩子足够多的耐心和理解。

这类孩子成长过程中会有两种可能：一种是父母开明，充分满足了孩子钻研探索的欲望，孩子能沉浸其中并乐此不疲，对一件事物知其然，也知其所以然，博闻强识，最终成为一个见多识广、专业性极强的孩子；另一种是孩子拆拆修修、打破砂锅问到底的劲头，让父母头疼心烦，所以总是被呵斥、被禁止，从此孩子不敢或没有机会去探索，最终变得人云亦云，不爱动脑筋，成为无知不动脑的孩子。

案例：

楠楠父母开了家农家乐，一直很忙，几乎没时间陪楠楠玩。楠楠经常被锁在楼上，一个人玩耍发呆，一个人看动画片，孤独是他从小到大最深的感受。他从开始的不适应到后来的逐渐习惯，再到最后开始享受一个人的清静和安宁。独处让他有大量的时间在自己的世界里探索、遨游，他比同龄的小朋友懂的多很多。

刚上幼儿园时，楠楠经常处于游离状态，一个人跑到教室边安安静静地自己玩，既不听老师讲课，也不和小朋友交流。父母通过询问才知道，楠楠觉得老师讲的他都会，听课没意思。楠楠父母向老师介绍了楠楠在家里的情况，特别说明了楠楠是个喜欢思考研究且喜欢挑战复杂事情的孩子。日后，老师有意识地给他安排一些有一定难度的事情去做，例如，让他担任小班长，帮助老师维持课堂纪律；让他教小朋友玩乐高。因为这些都是楠楠之前没做过的且有一定的难度，做起来有挑战性，完成后很有成就感。因此，楠楠做起来很用心、很投入。由于每天要教小朋友，他和小朋友的话也越来越多，而小朋友们的课堂纪律也因为他的参与更好了。

2. 因材施教的角度和方法

对于这类孩子，因材施教的角度和方法具体为以下6个方面。

（1）这类孩子喜欢独处、喜欢有自己的空间，当他们要求独处时，父母要理解并满足他们。

（2）父母要理解孩子有很多"为什么"，并尽可能陪伴和引导孩子去了解和尝试，鼓励孩子多去经历和体验，满足"想知道、想明白"的需要。

（3）父母要引导孩子不要太依赖大人的想法或别人的意见，而忽略了事实本身或自身的感觉。父母要让孩子明白，生活中不需要什么都知道，也不是所有事情都需要有答案，要"允许自己不知道"，减少头脑的思考，多在生活中实践体验。

（4）父母要接纳孩子对新事物、新知识"先理解后消化"的必经过程，在孩子慢半拍和不理解的时候，多给孩子时间，帮助孩子预习、复习、补习，找方法、找规律。

（5）父母要多聆听孩子的心里话，多和孩子进行心与心的沟通，多说类似"我理解你、我明白你的感受、我知道你的心情"的话。

（6）在孩子专心研究某些事情时，父母要鼓励孩子少想、多做、多练，不要纸上谈兵；同时多给他们属于自己的时间，多让孩子在研究和体验中获得成长和成就感。

第八节　全力以赴有目标的孩子与懦弱无能没本事的孩子

1. 特质表现

全力以赴有目标的孩子从小身体素质好、非常有力量感，他们很清楚自己想要什么和不想要什么，所以愿意为了自己想要的全力以赴，而对于不想要的，他们也能抵御诱惑，属于意志力和毅力都非常强大的孩子。

这类孩子很擅长组织和带动他人，他们发号施令和影响他人的能力都很强，也很容易成为"孩子王"。由于他们的目标性和结果导向性强，一旦他们确定了目标，就会尽一切努力、想一切办法去达成目标，因而他们经常能够在竞技类、比赛类和评选类项目中脱颖而出，获得荣誉和影响力。在团体中，他们喜欢和比自己有本事的人交往，喜欢强强联手。他们能屈能伸，在处理事情方面表现得很有弹性，懂得趋利避害，而且吃苦耐劳，这也让他们经常成为"灵魂人物""领袖人物"，长大后很容易跻身社会上层。

这类孩子很在意父母的赞美或批评，会把赞美当胜利、把批评当失败，父母要帮助他们建立平常心，不要太强调成功或失败的结果，而应该多去关注做事的过程。比如，父母可以奖赏他们所做的努力，而不是只强调他们努力后拿到的结果。同时，让他们知道即使失败了，也不是什么羞耻的事情，父母依然会爱他们。

因为这类孩子太在乎结果，在乎"赢"和"成功"的感觉，所以他们做事会孤注一掷，害怕失败，耐挫能力比较差。一旦失败，他们就容易打压自己、一蹶不振、自暴自弃。倘若一直被强势的人要求和命令，他们很容易"慕强"，习惯被命令和操控、缺少自信、资格感不足。他们不去或不敢抗争，甚至心甘情愿被驱使。久而久之，他们的力量感消失殆尽，就变成了"走别人的路，活别人的人生"的懦弱无能的孩子。

案例一：

莉莉奶奶和她说过，在她3岁左右，奶奶只要带她去超市，她看到每一件喜欢的东西，都会认真地问奶奶"多少钱？""贵不贵？"奶奶那时候就觉得特别奇怪，小朋友的关注点不应该是在"好不好吃""好不好玩"上吗？莉莉的关注点却总在钱多钱少、贵不贵上，明明家里人并没有经常和她谈钱啊。

后来，家里人发现，莉莉是天生对金钱就很敏感，什么时候收了个红包，谁给了多少压岁钱，她都记得清清楚楚，还说那是"莉莉的钱"，不允许家里人动用。因为莉莉对金钱的"痴爱"，家里人都叫她"小财迷"。大学毕业后，父母想让莉莉有份稳定的工作，有个"铁饭碗"，既光鲜又有前景。结果，莉莉说她不喜欢朝九晚五的工作，更不想刚毕业就等退休，最终她和父母斗智斗勇，毅然只身去了沿海城市，目前赚得盆满钵满，成了同龄人眼中的成功人士，过着富裕的生活。

案例二：

韬韬从小到大一直都是班里和年级里的干部，小学时在学校各方面表现都很优秀，她聪明能干，想要做到的事情一定要做到，参与了学校很多的活动，也获得了许多荣誉。

韬韬母亲是一位中学老师，韬韬读初中后，母亲对她的表现和要求开始严格起来。对母亲而言，这个世界上只有第一名，因为没有人记得第二名。这使得韬韬对学习和考试成绩特别在意，平时小考小测都非常好，一到大考就会发挥失常。韬韬母亲觉得韬韬给她丢了脸，让她这个老师在学校抬不起头，对韬韬也就越来越严格，要求也越来越多。结果，高压下的韬韬在参加中考时，再一次发挥失常，完全没有发挥出她平时真正的水平，只考上了一所排名三四位的高中。

高中读了半年之后，韬韬突然像变了个人似的，她不再听母亲的话，不再顺从和努力。她谈恋爱、逃课、玩游戏，成绩忽上忽下，无论母亲怎么劝说或威胁都没用，她变成了母亲眼中"又臭又硬的石头"。最后，她考了个很普通的大学，毕业后结婚生子，如今，过着很普通的生活。

2.因材施教的角度和方法

对于这类孩子，因材施教的角度和方法具体为以下7个方面。

（1）父母不要过度操控孩子，教导孩子要有弹性，这样才能帮助孩子发挥出更多的潜力。

（2）父母要经常问他们要什么、喜欢什么，尊重他们的想法，多给他们做主、做决定的机会，鼓励他们去做选择，并夸奖他们的选择，满足他们掌控自己生活的内在需要，这样能帮助孩子建立自信心和力量感。

（3）这类孩子对金钱很敏感，父母可以让他们有自己的存钱罐，引导他们去探索金钱在生命中的意义，让他们从小对金钱有正确的认知，这样他们就会有更多机会与金钱建立起健康关系。

（4）父母要减少对孩子各方面的控制和命令，要信任孩子的自我管理能力。同时，父母要以身作则，做孩子的榜样，努力成为孩子的崇拜对象。

（5）父母要理解孩子的目标性，鼓励孩子为目标全力以赴，支持并推动孩子实现目标，去体验成功带来的成就感。

（6）父母要尊重孩子对荣誉感、奖励或名次的渴望，同时引导他们对荣誉、奖励和成功的追求要适度，不可过贪，不可只要赢不能输。

（7）父母要做好耐挫教育，让孩子学会为自己的所作所为承担后果。当孩子遇到挫折和失败时，父母要引导他们树立越挫越勇的决心，想办法战胜困难，笑到最后。

第九节　悲天悯人有大爱的孩子与小气吝啬很冷血的孩子

1. 特质表现

悲天悯人有大爱的孩子，从小就是有情怀的人，他们很有爱心和慈悲心，做事情或者考虑问题有格局和高度，会站在他人的角度去思考问题。小时候，他们很愿意与人分享食物或玩具，他们会以别人的快乐为快乐。身边的人需要什么，只要他们有或做得到，他们都会慷慨予之，比如，"妈妈饿了，你的饼干可以给妈妈吃吗？""弟弟哭了，你的玩具可以送给弟弟吗？"这种情况，他们几乎不会考虑自己是否需要，马上可以把手里的饼干或玩具递给对方。之所以他们不独自享受食物和玩具，慷慨的背后也许是怕失去母亲的爱、怕失去弟弟的爱，也许他们潜意识里会觉得保障爱不会失去的方式就是给对方想要的东西。对此，父母要试着告诉他们，他们有权利保有他们想要的东西，但依然值得被爱。

这类孩子天生心肠软、有同理心、感同身受的能力强；他们同情、怜悯弱者，很有爱，也知道如何去爱别人；他们特别懂得关心和帮助他人；他们很喜欢自己被需要的感觉，如果没有帮别人分担，会觉得自己好像做错了什么事。只要别人需要他们，他们都会很热心地去支持和付出，无论是物质上的还是精神上的，他们都很大方，会尽自己所能去奉献。付出和奉献的过程中他们会完全忽略自己，只想着怎么样才能照顾、帮助别人。对他们来说，只有被人需要，他们的生命才有意义。

这类孩子更需要别人的爱，尤其是父母的爱，父母要给予他们足够的爱和足够的允许。当然，具有感同身受能力的孩子往往得益于父母也一直在用同理心对待他们，这才使得他们能学会什么是同理心、什么是感同身受。当孩子感受到父母的共情、感受到内心深处每一丝的情感都能被父母理解时，他们就更喜欢跟父母分享，心里也藏不住秘密，成长过程中的烦恼也容易被父母发现，心里就没有阴霾和心结。得益于父母的同理心，孩子也会对他人具备同理心、善解人意。有研究表明，父母有同理心，孩子未来也不太容易患上抑郁症或孤独症。

如果这类孩子从小没有得到足够的爱和允许，经常被忽视或被冷漠对待，没有人关注他们情绪和情感的需求，他们极有可能会从悲天悯人变得自私自利、变得吝啬和冷血；他们会聚焦于自身，不接受吃亏，不能有任何损失；他们总想去占别人的便宜，总想向外界抓取更多，可能会变得小气、多疑；他们用抓取和占有的方式来平衡自己被忽略，自己没有价值、没有用处的感觉，他们的自我价值感会很低；他们对待需要自己的人或物，依然会倾注各种情感，甚至对待需要他们投喂的流浪猫都比对待忽略他们的家人更有爱心和同情心，可悲可叹！

案例：

然然小时候是在奶奶家里长大的，因为奶奶身体不好，所以然然对奶奶的衣食起居都非常照顾，习惯了然然照顾的奶奶甚至离不了她，所以她一直是奶奶嘴里最爱的"小棉袄"。中班时，母亲送给然然一个价格昂贵的玩偶，然然带去了幼儿园，晚上却没有带回来。奶奶打电话问老师，才知道然然把它送给了一个叫佳佳的小朋友。考虑到玩偶比较贵重，奶奶就想去把玩具要回来，结果然然一听就急哭了，说佳佳央求自己把玩具送给她，虽然自己舍不得，最后还是给了，佳佳太可怜了，不能再把玩具要回来，否则佳佳会更可怜。

成人后的然然看到汶川大地震的报道，当看到失去父母的孩子的镜头时，她顿时泪如雨下，联想到自己从小缺失的父爱、母爱，她觉得这些孩子实在太可怜了，她必须去支持他们。不久后，她毫不犹豫地取出自己为数不多的存款，日夜兼程赶到灾区，把存款捐了出去，希望可以帮助到这些孩子。她在汶川陪伴了这些孩子近一个月，义务去照顾他们、鼓励他们、安慰他们，亲朋好友都说然然爱心泛滥、太大方，可是然然却觉得自己在做一件很有意义的事情，很值得。

2. 因材施教的角度和方法

对于这类孩子，因材施教的角度和方法具体为以下 7 个方面。

（1）父母要给予孩子足够的关注，多关注孩子的身体、心理感受，表达对孩子的思念、心疼、在乎等情感，让孩子感受到被重视、被在乎，有"我很重要"的感觉。

（2）父母要引导孩子先要有满足自己的想法、满足自己的需要，爱自己才是爱别人的基础。

（3）父母要让孩子感觉到被需要，多创造孩子被需要的机会，多让孩子帮忙，让孩子体会到自己的价值感和存在感。

（4）父母要理解孩子对一切弱小群体的爱护和心疼，对孩子的付出、同情心和同理心给予及时的肯定和鼓励。

（5）父母要支持孩子去做有爱心的事，并及时对孩子阐明他们的所作所为带来的贡献、价值、意义和好处。

（6）父母要帮助孩子区分什么是别人的、什么是自己的，避免爱心泛滥。

（7）父母要经常帮孩子澄清："这是你觉得对方需要，还是别人真的需要？"厘清界限。

第七章
懂家庭系统中爱的法则
及父母成长维度

第一节　懂家庭系统中亲子之爱的法则

家庭是一个系统、一个整体。家庭中每个成员都是元素之一，这些元素用他们固有的方式、在属于他们的位置上互动交流着。如果有人不摆正自己的位置、不按照一定的法则运行，系统可能就会出问题，家庭成员就会受到影响。这里的法则就是家庭中"爱的法则"，这些法则对家庭成员的关系有着极为隐秘的影响。亲子之间也是一个系统，也同样要遵循这些法则。了解这些法则，对于理解家庭中存在的问题、解决亲子关系中的冲突是非常必要的。

1. 亲子之爱的法则

亲子之爱的法则可以从以下 3 个方面来探讨，分别是隶属法则、平衡法则和序位法则。

（1）隶属法则。隶属指的是属于这个系统并被这个系统接受，是归属感。从亲子关系的角度来说，就是父母和孩子都归属于家庭这个系统，都应该被这个家庭接受。

"对孩子最好的爱，就是夫妻恩爱。"孩子的生命经由父母而来，对孩子而言，父母是给予他生命的人，他们同样重要。孩子需要得到父母双方的爱与支持，父母之间相亲相爱，彼此有很好的情感连接和互动，孩子会很放松且有安全感，会依恋和敬重父母。父亲、母亲、孩子三人构成健康的家庭情感关系，每个人都隶属于这个家庭系统，都有自己的位置，有人把它描述为"爱的等边三角形"，而这就是最理想的家庭结构。

当父母之间的关系出了问题，比如，有些父母因为夫妻感情不好而在孩子面前否定另一方或切断孩子与另一方的互动和联系，这对孩子来说都是不公平的，毕竟在孩子的潜意识里，父母的重要性是一样的，同样值得他们爱。

我们经常看到孩子可能会出于同情弱势一方的父亲或母亲而否定另一方，被迫放弃对另一方的情感——譬如放弃对父亲的爱，以便和母亲保持一致。如此，另一方便被这个三人系统排除在外，失去了隶属这个系统的资格，这就破坏了爱的法则中的隶属法则。

对一个人最狠的惩罚就是彻底孤立这个人，尤其是孩子。在一个群体里，当所有人都不理他时，他的感觉是最糟糕和最不舒服的，因为他的隶属感没有了，归属于这个群体的资格被剥夺，他的内心会有被疏远和被驱逐的感觉，当这种感觉越来越强烈且时间越来越久时，他慢慢就失去了情感连接的力量。

有的父母会指责孩子，说"他们是多余的，不该把他们生下来，想把他们送人，不要他们了"等，这些数年如一日的"碎碎念"会让孩子觉得这个家庭不接受自己，甚至自己不该来到这个世界，这就破坏了孩子的隶属感。有的父母忙于工作，孩子从小就由老人抚养，或被养在寄宿学校里，这类孩子也会缺少对家庭的归属感。同样，虽然有些孩子和父母在一起生活，却完全在包办代替中长大，只能听话照做、服从安排，他们对真实的父母并不了解，对家庭中除了学习和玩耍之外的事情几乎不参与，他们没有自主权，更像是家庭中的"道具"。

类似上述情况还有很多，孩子在这个家庭中的隶属感在无形中被破坏，当他们对家庭缺少归属感或与父母情感连接不够时，就不会敬重父母，甚至不在乎、不感恩。事实上，只有孩子的隶属感足够强烈，才能在家庭中有自己清晰的位置和身份，知道自己是谁、能做什么；父母在家庭中也都有自己清晰的位置和身份，父母对他们是接纳和允许的，他们才会有安全感和动力，才会去努力自主学习和成长。

（2）平衡法则。这里的平衡，指的是给予和接受、付出与索取之间要平衡。"平衡"既指物质世界的平衡，也指精神世界和系统世界的平衡。家庭成员只有各安其位，每个人都隶属这个家庭系统，同时，给予与接受、付出与索取处于平衡状态时，这个家才是平衡的，而施与受的平衡更是每个家庭成员都要学习的艺术。

如果某个家庭成员总认为自己是家里付出最多的，就会觉得自己被不公平对待了，就会对其他人产生愤怒，从而让整个家庭关系失衡。比如，如果母亲总在抱怨为这个家牺牲了太多、为了丈夫承担了太多、为了孩子失去了自我，那么丈夫和孩子就会有压力，"她都是为了我们，这份爱太沉重，我们并不享受"，这也导致她们为家人的付出也不再心甘情愿、任劳任怨，久而久之，就会产生各种家庭矛盾。同样的道理，如果只是丈夫一味付出而妻子却没有参与，也会违背平衡法则。想要构建成功的家庭关系，每个家庭成员都要学会付出，也要让别人有机会付出。

平衡法则的另一方面是指亲子关系中，孩子就是孩子，父母就是父母，双方都不要强加给对方自己的人生。家里只有父母像父母，孩子才能像孩子，父母给予，孩子接受，系统才能平衡。

不遵循平衡法则时，有一种情况是，在家庭关系中父母"孩子化"，孩子"成人化"。比如父母没有从他们的父母那里得到足够的物质和精神满足，他们的内在还是"渴求爱和力量的没长大的孩子"；再如夫妻之间没有足够的给予和接受，这个家庭中给予和接受之间的法则会很糟糕，做父母的会有意无意地在孩子身上寻求依赖和满足，孩子也会觉得有责任承担来自父母的依赖。最终，孩子变成了"父母的父母"，在"照顾和呵护"着父母，为了父母被动承担和付出。而父母却像孩子一样在接受和享受，这种付出和索取不是从上一代流向下一代，是有违时间的流动，也是有违亲子之间爱的法则的，家庭关系就会有各种问题。

不遵循平衡法则的另一种情况是，孩子不接受父母的付出或者因父母的付出而感到愧疚，想作补偿，想把父母为自己付出的"还给"父母。事实上，生命之流经父母到孩子，父母是生命的传承者。父母给予孩子第一份、也是最重要的礼物，就是给予了他们活在世界上的生命，这个事实是无法改变的，孩子只有接受。同时，父母还是孩子生命的养育者，从孩子出生直到长大，父母持续给予和付出，孩子经由父母的呵护长大成人，恩赐如此之多，是孩子永远都无法回报的。这也是一个无法改变的事实，是一份无法偿还的养育之恩。孩子唯一能做的，唯有带着感激，通过努力和成长，把父母对自己的这份爱传承下去，去荣耀父母。"你伴我长大，我陪你到老"，这样才是平衡与对等的。

（3）序位法则。亲子之间的序位法则是指一个家庭中，按照每个人归属家庭系统的时间、按照先来后到的顺序，界定了每个人在家庭中的位置和序位。每个人的位置都需要被尊重，每个人的序位都需要被遵守。只有这样，家庭中的爱才会自然流动起来，家庭中的每个人才会自在和放松。

按照先来后到的顺序，家庭序位要求长幼有序，就是父母和子女、长辈和晚辈之间要有长幼尊卑，孩子和孩子之间要长幼有序。

长幼有序符合伦理法，只有尊卑有序、长幼有别，亲子关系才是正常的。站对位置才能做对事，家庭中的序位法则不能挑战，只能遵守，就如同太阳系里各大星球有各自的运行轨道，不能随意变换与调整。如果家族序位没有得到重视和遵守，就像违反交规一样，如果秩序混乱，就会出现不和谐，家族成员之间的关系就会紧张，不可避免地会出现冲突。比如弟弟站在了姐姐的位置上、女儿站到了母亲的位置上或是妻子站到了丈夫的位置上，都会让整个系统产生混乱，就像一组高速运转的齿轮，一环扣一环，一环错环环错。

每个家庭都是父母先到——没有父母，就没有孩子。现在很多家庭强调平等教育，父母与孩子成了朋友，成了"哥们儿""姐妹"。这种"平等"是人格上和孩子平等、人格上尊重孩子。而序位法则，是指身份层面的。毕竟，父母和孩子无论怎样平等，都不是真正意义上的"哥们儿""姐妹"。在亲子关系中，不能一味强调一切都要平等，否则家里的序位就会混乱，子女对父母和长辈就会不敬。

孩子要接受父母是长辈、自己是晚辈的事实，当孩子对父母说"你们是长辈，我是小辈"时就是在认可这个根本序位。当孩子尊重自己与父母之间的长幼关系时，他们就愿意也能接收到来自父母的爱和支持，也能以同样的方式给到自己的下一代。反之，如果孩子总觉得自己"大"、父母"小"，那就是孩子"成人化"，孩子没有尊重序位，一切就乱了。

父母首先是独立个体，其次才是父母。很多孩子都有执念，想去改变父母，想让父母按照自己认为"对的、好的"去做，这种想法本身就破坏了序位的法则。当孩子不满父母的行为、人品，甚至和父母的关系时，当孩子去"原谅"父母的过往时，孩子就站在了比父母更高的位置上。比如当他高高在上地批评、斥责父母时，潜台词也许是："我比你们厉害，我比你们有本事，我可以教育你们。如果你们不听话，我还可以惩罚你们。"这个时候，孩子就是站错了位置，伦常乖舛，立见消亡，灾难很可能就会随之而来了。

　　事实上，孩子要做的不是批判指责，也不是原谅和不计较，而是要接受父母给予的生命，并因他们将自己带入这个世界而敬重他们。孩子要带着深深的敬意，对给予自己生命的父母致谢。同时孩子要承认，父母和所有人一样，有作为"人"这个独立个体的缺陷和不足，他们的行为和人品都是"这个个体"的选择。身为个体的孩子，要做的就是放下"改变父母"的执念，将焦点放在自我提升、自我完善上面。当孩子能对父母说出"我把属于你们的都留给你们，谢谢你们"时，孩子才能独立，才是真正长大成人了。

　　因此，家庭中的界限和序位非常重要。父母的关系优于父母与孩子的关系，是家庭的第一位。只有父母与孩子之间有适度的亲密与尊重、孩子被允许只做孩子，才会有健康的家庭关系，这样的关系会滋养到每一位家庭成员。

　　2. 亲子之爱现状评估

　　（1）测试现状。

　　①请找出一张纸，在纸上分别用符号或图形画出3个人，分别代表你和父母，要标注清楚各自的面部朝向，其他都完全以当下感觉为准。

　　②已经有孩子的，再找一张纸，画出你、伴侣和孩子，要求同上。

　　③解读在你心中，家庭中3个人之间的关系。

　　（2）从孩子和父母之间的位置来解读亲子关系。

　　①孩子在父母面前，面对着父母——违背了亲子之爱的序位法则。孩子过分关注父母，不放心父母，容易受父母影响。

　　②孩子在父母面前，背对着父母——符合亲子之爱的三法则。孩子被父母关注，同时能保持独立，走自己的人生之路。

③孩子在父母身后，和父母看向一个方向——违背了亲子之爱的序位法则。孩子关注父母，想照顾和保护父母，孩子容易"成人化"。

④孩子在父母中间，左右分别是父母——违背了亲子之爱的序位法则。孩子是父母之间的桥梁，需要扮演协调者、联络员的角色，如果经常被父母之间的关系羁绊，就无法有自己的人生。

⑤孩子远离父母，背对着父母——违背了亲子之爱的隶属和平衡法则。孩子和父母之间感情疏离，内心逃避或抗拒父母。

⑥孩子远离父母，面对着父母——违背了亲子之爱的隶属和平衡法则。孩子和父母之间感情有隔阂，同时又关注父母。

⑦孩子站在父亲面前，面对着父亲——违背了亲子之爱的平衡和序位法则。孩子更关注父亲，想帮助、支持或替母亲监督父亲。

⑧孩子站在母亲面前，面对着母亲——违背了亲子之爱的平衡和序位法则。孩子更关注母亲，想帮助、支持或替父亲监督母亲。

⑨孩子在父母中间，靠近父亲、远离母亲——违背了亲子之爱的序位和隶属法则。孩子和父亲的情感连接更深，维护和支持父亲，和母亲感情相对疏离。

⑩孩子在父母中间，靠近母亲、远离父亲——违背了亲子之爱的序位和隶属法则。孩子和母亲的情感连接更深，维护和支持母亲，和父亲感情相对疏离。

（3）从父母之间的位置来解读他们的情感关系。

①父母之间肩并肩，几乎没有距离——父母之间感情稳定，有共同的未来。

②父母之间肩并肩，有距离或距离很远——父母之间感情稳定，彼此精神世界有一定距离。

③父母之间面对面，有距离或距离很远——父母双方都关注对方，同时都不愿意走近对方，有疏离或冲突。

④父母之间背对背，有距离——父母之间感情有裂痕或已经破裂，精神世界无交流。

⑤父母一方背对着另一方——背对的一方不愿意再交流和连接，感情不再聚焦在另一方，甚至心已经离开，另一方尚关注、需要对方，还渴望彼此情感的连接。

第二节　懂父母自我成长的维度

有一位年轻的妈妈请教一位学者："我的小孩既不听话，也不爱学习，怎么办？"

学者反问："你复印过文件吗？如果复印件上面有错字，是改复印件还是原件？"

美国心理学家班杜拉在《通过榜样实践进行行为矫正》一书中，揭示了榜样作用的学习心理机制："人类的行为绝大多数是后天通过对榜样的观察习得的。"对孩子而言，父母的一言一行、一举一动都是一面镜子，都是孩子模仿的主要对象，是天然绝对的榜样。父母在孩子面前的表现、父母的行为规范，通过家庭生活和言传身教，在日复一日、成百上千甚至成千上万次的生活实践中，成为孩子的心智肌肉与行为本能，决定了孩子是否把父母作为崇敬的榜样。

父母自身的成长几乎决定了对孩子教育的效果，前文已经多次谈到亲子教育中父母的重要性及其应该如何去做。接下来，我们就从父母身份定位的角度，阐述作为家庭最核心的角色，父母自身成长的维度有哪些。

1. 父母要做孩子永远的榜样

美国心理学家托马斯·戈登博士曾说过："你创造了一个生命，现在要让孩子拥有它，让孩子决定在你赋予的生命中想做什么。"作为父母也是如此，你的生命属于你自己，你要决定在你父母赋予的生命中想做什么，你也要决定，在你和孩子的生命中你想做什么。而家庭教育，实际上是父母与孩子共同学习成长的过程，父母要具备做榜样的能力和提升的意愿。

家庭是孩子最初生活的场所，孩子所有的学习都是从家庭开始的。父母是孩子通往社会的一座桥梁，每个孩子都会无法抗拒地对父母产生认同，并通过"先模仿、后创造"的方式来实现自己的成长；而以父母为榜样的孩子，会对父母高度接纳，并以父母为荣。

孩子会对父母产生六大认同，分别是性别认同、行为认同、能力认同、价值观认同、身份认同和环境认同。具体而言，就是孩子通过父母学习如何做男人或女人，通过父母学习如何建立行为规范，通过父母学习如何培养个人能力，通过父母形成对世界的基本价值观，通过父母建立自我身份和界限，通过父母认知和接纳生活环境、学习环境和社会环境。

有学者曾调查了 10 万个孩子，他们对父母提出了各种各样的要求，其中，具有代表性的有 10 条，可以当作父母作为孩子榜样的标准。

（1）孩子在场，父母不要吵架。

（2）对每个孩子都要给予同样的爱。

（3）父母之间互相谦让，相互谅解。

（4）任何时候，父母都不要对孩子撒谎。

（5）父母与孩子之间要保持亲密无间的关系。

（6）孩子的朋友来做客时，父母要表示欢迎。

（7）对孩子提出的问题，父母要尽量予以答复。

（8）在孩子的朋友面前，父母不要讲孩子的过错。

（9）注意观察和表扬孩子的优点，不要过分强调孩子的缺点。

（10）对孩子的爱要稳定，不要随意对孩子发脾气。

2. 父母要建立恩爱的夫妻关系

有位教育心理学家说："父母给孩子最大的情感宝藏，就是彼此深爱对方。"恩爱的夫妻关系是子女教育的重要基础，父母的情感教育能给孩子起到榜样引领的作用，有温度的情感教育能培养出温暖并有共情能力的孩子。在一个家庭里，和谐的两性关系比亲子关系更重要，它对子女性格、安全感和归属感的形成以及情感婚姻观的养成，都有非常重要的作用。

3. 父母要创建和谐的亲子关系

创建和谐的亲子关系，其中最重要的是父母要让孩子感受到爱与陪伴。心理学家戴维·埃尔金德说："孩子们最需要知道的是，他们对父母很重要，永远都被爱围绕。"

在爱中长大的孩子、在父母的陪伴下长大的孩子是幸福的，因为爱胜于一切的教育，就像阳光一样，滋润着孩子的心灵，帮助孩子建立安全感和自信心，给孩子强大的力量。

4. 父母要创建坦诚的家人关系

坦诚的家人关系意味着父母之间、父母与子女之间可以真实、坦率地表达自己的想法和感受，父母之间可以真诚平等地沟通，同时父母愿意倾听孩子的心声，孩子在父母面前可以真实、自如地表达自己。这样的家庭氛围，才真正有利于孩子的身心健康、有利于亲子关系的亲密与融洽。

5. 父母要提升自己的品德修为

"积善之家，必有余庆""德高为师，身正为范"。父母的诚实守信是给孩子最持久的品德教育，父母的行为素质是给孩子最好的行为示范，父母的品德修为是给孩子最无声的言传身教。

6. 父母要有完善的情绪表达和管理能力

一个人情绪表达和情绪管理的能力，在很大程度上来自于小时候与父母的互动及成长的经历。因此，父母要做到知行合一、身心健康，要通过完善的情绪表达和情绪管理能力来完成自我的成长。

第八章
懂子女养育常见问题的
解读和解决

第一节　与孩子身体有关的问题

1.孩子经常发烧怎么办?

生活中有一类孩子从小体质就差，动不动就扁桃体发炎或发烧，而且每次发烧温度都很高，去医院输液已经变成家常便饭，属于典型的"药罐子""病秧子"。爸爸妈妈也会因为孩子经常生病，认为孩子是抵抗力差、体质弱，不得不在生活中更加细心地照顾和呵护。

虽然孩子经常发烧有体质的原因，但是很大一部分孩子发烧并不是因为体质弱，而是情绪或身体的能量被限制、无法释放和宣泄所致。为什么这么说呢？原因有二。

（1）通常这类孩子是活泼好动、精力充沛的，只是家庭或学校对他们有比较多的限制和要求，使得他们旺盛的精力无处释放，压抑憋闷久了就会导致肝火旺盛，直到发炎、发烧。

（2）这类孩子经常被吆来喝去或被命令、恐吓和威胁，内心的恐惧和愤怒日积月累，又没有机会宣泄和释放这些情绪。久而久之，就会以炎症的方式呈现出来，被视为"愤怒和恐惧情绪的爆发"。

针对以上这种情况，父母应该怎么办呢？

（1）要给孩子释放旺盛精力的空间和机会，比如剧烈的体育运动，尤其是大汗淋漓的运动，让孩子的体能得到消耗、身体通畅、全身放松。

（2）给孩子释放情绪的空间和机会，比如让孩子通过喊叫、大哭、蹦跳、砸枕头及推墙等方式去宣泄自己的情绪，让负面情绪得到释放，而不是憋在身体里。

父母只要觉察到这种情况并改变对孩子的教育方式，同时创造机会让孩子去释放体能和情绪，孩子的身体就会越来越通透、体质就会越来越好，慢慢地就会告别"药罐子""病秧子"。

2.孩子经常咳嗽、嗓子疼怎么办?

一位妈妈说家里孩子经常嗓子痛、口腔溃疡，有时候还干咳。最近连说话都像被堵在嗓子眼一样，嘟嘟囔囔的。妈妈带孩子去医院，也没有检查出问题，医生只能开点药物让孩子回来吃一吃或喷一喷。我问这位妈妈："你家孩子是不是平时话不多啊？"妈妈非常震惊，无法理解我是如何知道的。后来和这位妈妈交流后，她改善了和孩子的沟通方式，孩子的嗓子莫名其妙地好了。

事实上，咽喉出问题，无论是炎症还是其他不适症状，绝大多数都是由于孩子无法充分表达自己，心里有话不能说，因此情绪积压，久而成病。

具体而言就是:

（1）喉咙除了发声和吞咽，还有表达的功能，言为心声，人们通过表达来倾诉内心的想法、释放情绪。

（2）当生活中经常有话不敢说、想说不让说时，表达就会受阻，所有的语言不得不吞咽回去，由此产生的憋闷和压抑情绪就会堵塞在咽喉处。

（3）当生活中经常要说一些违心的话时，由此产生的不情愿和被逼无奈的情绪就会沉淀在咽喉处。

（4）当负面情绪积压过多，越来越严重，直到心理承受不住时，就会以身体不适和病症的方式呈现出来。

针对孩子以上这类情况，父母具体应该怎么去做呢？

（1）先处理积压的情绪：父母可以和孩子深入交流，引导孩子表达真实的想法和情绪；父母可以让孩子通过接受辅导或课程，去宣泄和释放淤堵在咽喉部位的情绪，从而疗愈自己。

（2）重建关于表达的信念：父母要引导孩子学会勇敢表达、真实表达和忠于内心表达。要让孩子不再压抑或迎合，学会在表达自己和关系处理中找到平衡。

（3）增加内心力量：只有当孩子内在力量足够时，孩子才能面对内心的声音，才敢更真实地做自己。父母要创造机会增加孩子内心的力量，让孩子更加自信和更有力量。

（4）让孩子多结交志同道合的朋友，和朋友交流互动，这些本身就是情绪宣泄和释放的渠道。

（5）言为心声，让表达变成一种快乐，当孩子享受表达、父母享受倾听时，就不会淤堵成病。

3. 孩子经常过敏怎么办？

孩子经常过敏，当孩子脸上、脖子上甚至全身出现一块块的红、脱皮、痒痛时，父母通常想到的办法就是找医生、做各种检查、寻找过敏源、吃抗过敏的药物。由于这类药物有的含有激素，不能长时间服用，孩子过敏还是频繁出现，甚至变成了过敏体质，父母看着心疼却又无可奈何，只好挣扎在孩子"过敏—治疗—过敏—治疗"这个循环中，不堪其扰。的确，有的过敏是由体质或过敏源导致的，但另一部分过敏却和情绪有关。

（1）皮肤是全身面积最大的器官，一呼一吸之间，实现和外界互动的功能，而很多过敏，都是在孩子和外界关系产生问题后出现的。

（2）通常易过敏的孩子情绪较敏感、心思细腻，非常在意别人的想法和看法，也非常在意人际关系。

（3）过敏的孩子情绪大多是隐忍型，也就是生活中经常迁就和讨好别人，情绪都被"吞到身体里"，属于"忍吞型"，当身体消化不了这些情绪时，就会以过敏的方式呈现。

（4）很多过敏的孩子和妈妈的关系或多或少都有些问题，原因可能是缺爱、可能是被忽视、可能是被伤害、可能是被冷暴力。

针对孩子情绪类的过敏，父母应该怎么办呢？

（1）如果孩子属于过敏体质，就要从医学上进行针对性治疗。

（2）追本溯源，帮助孩子找到导致过敏的深层次原因，并进行针对性调整。比如改善人际关系，释放"忍吞"情绪，重建孩子和外部世界的关系。这部分有的通过父母协助即可完成，有的则需要专业老师的支持，比如孩子的内在疗愈、创伤事件清理和关系修复等。

（3）重建孩子和妈妈的关系，帮助孩子释放对妈妈的情绪，对妈妈表达内心的渴望和情感，清理因妈妈造成的心灵创伤，让孩子与妈妈、与过去和解。

4. 孩子经常便秘怎么办？

很多父母特别困惑，孩子饮食很正常，却经常便秘，要么是长时间蹲厕所，或者就是腹胀，憋得难受到哭，平时吃药也是当时有用，之后没用，或者就是效果不明显。父母看着孩子痛苦万分的样子，虽然着急上火，却也没有太好的办法。其实孩子便秘有很多种原因，如果不能对症下药，想要得到好的疗效是很难的。

究竟是哪些原因导致孩子便秘呢？很多父母都只是从生理方面去考虑

的。这样考虑太笼统，不够全面，缺乏针对性。导致便秘至少有 4 个原因，而很多孩子的便秘便是这 4 种原因综合所致。

（1）饮食原因所致，比如孩子平时喝水太少、吃得太多或者食物太油腻、辛辣，吃蔬菜瓜果比较少。

（2）身体原因所致，比如孩子平时很少运动或者不运动，又或者肠胃消化功能不好。

（3）情绪原因所致，通常是以下 3 种情况。

①有情绪没有释放，世界心理卫生组织研究表明，70% 以上的人会以攻击自己身体器官的方式来消化已有的情绪，而消化系统、皮肤和性器官是重灾区。当情绪淤积在身体里无法释放、无处宣泄时，最终就会导致身体脏器受损。

②有事情没有释怀和放下，虽然有些事情过去了，可是在孩子心里还无法释怀。

③现实生活中有压力，无法面对或被迫面对，压力直接带来身体代谢循环的问题，导致便秘。

（4）由器质性病变所致，这一类通常是指身体已经生病，便秘只是生病带来的副作用。

身体知道答案，身体承载着我们经历过的每一次事件和情绪的记忆。针对孩子经常便秘的情况，从关爱他们的情绪开始，逐步缓解。以下是给父母的 5 点建议。

（1）饮食所致：要对症下药、调整饮食、及时就医。

（2）情绪积压所致：要了解是什么情绪，并引导孩子去宣泄和释放。

（3）事情没放下所致：要让孩子学会针对事件释放情绪、表达情感。

（4）生活压力所致：找到压力源，减轻压力或消除压力源。

（5）必要时请专业人士进行针对性辅导。

5. 孩子经常眨眼、挤眼和皱眉怎么办?

孩子经常眨眼、挤眼和皱眉，有的发出怪声、有的不自主地耸肩抖腿，这些并不是表情问题，而是一种躯体障碍，属于抽动症的症状。

抽动症是什么呢？全称为"小儿抽动秽语综合征"，以 3~12 岁的孩子为主要群体。该病症有一部分可以随着孩子的生长发育不治而愈，一部分通过一定时间的饮食调节和康复训练可以痊愈。

很多父母一旦发现孩子症状频繁，都是从生理的角度对孩子进行调理和治疗，而事实上效果并不理想。究其原因，是没有找到致病的根源，也就无法根治。

那么，究竟是什么原因导致孩子患了抽动症呢？

一种原因是神经精神障碍，主要是神经系统问题导致的。

另一种原因是情绪积压造成的躯体障碍，大多数儿童患抽动症都是这个原因所致。

孩子长期生活在充满压力、令人紧张的环境中，或者经常遭受精神上或肉体上的暴力，又或者遇到过应激的刺激，都有可能导致抽动症的出现。

如果孩子是神经精神障碍，则需要及时就医，进行针对性治疗；如果孩子是情绪积压导致的躯体障碍，只需要按照以下方法来做，孩子的症状就可以在很短的时间内消失。

（1）游戏法。这个方法的目的是通过游戏让孩子释放身体内积压的能量，类似"猫捉老鼠""大灰狼捉小白兔""老鹰捉小鸡"的人追人游戏都可以，要求是孩子要分别扮演两个角色，体验成功逃跑和成功捉住对方的感觉。

（2）抚触按压法。父母分别按住孩子的双肩、双膝和双脚，让孩子用力去挣脱，这是借助作用力和反作用力帮助孩子释放因为紧张和恐惧等积压的情绪和压力。

（3）治根之策。父母要改变和孩子的互动方式，放弃用控制、恐吓和打骂的方式对孩子进行教育，有些父母自身过往的情绪创伤也需要处理。症状比较严重的，建议父母和孩子都请专业老师来辅导和训练。

每个孩子的生命都是美好的、值得尊重和爱护的，善待儿童，从父母做起。

第二节　与孩子行为有关的问题

1. 怎么预防男孩变得很"娘"？

如果你家儿子太"娘"，你会怎么办？明明是个男孩子，你很期待他阳刚、自信、有力量，结果他说话细声细语、伸手"兰花指"、走路"水蛇腰"。此时，为人父母的，是不是抓狂得很？

其实，孩子之所以这样，除了生理和性取向的原因，绝大多数都和他们自身没有什么关系，他们才是最无辜的受害者，有些人甚至很讨厌自己这样，只是习惯成自然，改变过去多年的行为模式很难。

男孩子出现这样的情况，大多都是对性别认知的不一致导致的。性别认知有 3 个非常重要的因素，任何一个出现问题，孩子都有可能不是"真正的他"。

（1）性别认知，主要是在 7 岁之前。3 岁前是孩子性别的认同期；3~6 岁是性别的稳定期；6~7 岁是性别的恒定期，孩子们对性别的认知完成。

（2）性发育认知，主要是孩子性生理和性心理的认知，女孩通常在 8~14 岁，男孩通常在 9~15 岁，在这个阶段，父母的指导和环境的影响非常重要。

（3）身份认知，主要是孩子对自我身份的认知和定位，从幼儿叛逆期直到青春期，是自我意识从萌芽到成熟的过程，也是孩子形成未来"三观"的过程。

那么父母怎么做，才能规避男孩子变"娘"呢？

（1）在孩子性别认知期，要确保孩子对自己的性别认知具有同一性，也就是从孩子的一举一动到衣食住行都按照和孩子性别一致的方向来养育，比如不要给男孩子穿裙子、扎小辫、涂指甲、留长头发等。

（2）对孩子性发育认知阶段的指导，从男孩子的生理发育到心理变化，从性意识萌芽到性行为的开始，父母应尽可能给予针对性指导和引导，让孩子在生理和心理上科学地完成"长大成人"的过程。

（3）在孩子不同阶段的"自我"形成过程中，减少对孩子的控制和过度保护，给予孩子足够的支持，陪伴孩子成为独立、自信、懂得边界的人。

（4）假如孩子已经变得很"娘"，则需要了解孩子的真实想法和情绪，了解孩子是否愿意改变，必要时，可以借助专业的辅导师来帮助孩子重塑自我。

"一阴一阳之谓道"，让花是花、树是树，自然界才能平衡。

2. 孩子只喜欢和比自己大的人玩怎么办？

有位妈妈被她 8 岁的儿子上了一课，妈妈嫌弃儿子太内向，不会主动和同学交往，上课也不喜欢举手，像个"木头疙瘩"一样。结果一向沉默不语的孩子突然看着妈妈，慢悠悠地说："妈妈，你不觉得他们都太幼稚了吗？我和他们不是一个世界的，没有共同语言，我们根本不同频。还有啊，我为什么不喜欢举手回答问题？因为老师的提问多小儿科啊，傻子都会，我才懒得回答呢！"这个妈妈直接被儿子震惊到，无言以对。

其实生活中有一类"智慧宝宝"，他们比同龄人更早熟、懂的也更多，只是父母习惯了用同龄孩子的状态来衡量他们，才总觉得他们和周边的人格格不入。

这类孩子为什么更早熟、懂的更多呢？主要有以下两个原因。

（1）这类孩子喜欢问"为什么"、喜欢观察和思考，不懂不会的喜欢弄明白。

所以他们的学习能力比一般孩子更强，领悟力和逻辑性也更强，只要父母和老师讲解得有足够的逻辑性，他们的确具有一点就通、举一反三、触类旁通的能力，和同龄人相比，他们的智慧也更容易脱颖而出。

（2）这类孩子喜欢比他懂的更多、会的更多的人，也就是"有学识和本事"的人，因为他们感觉和这类人在一起才有共同语言，所以他们不喜欢同龄人，更愿意和比自己大的、比自己懂的更多的人交往。当身边没有这样的人时，他们宁可选择自己玩或者独处，也不愿意强迫自己去交往，他们觉得那是"浪费时间，很无聊"。

当孩子是"智慧宝宝"的时候，一定要做到以下3点。

（1）充分满足孩子的探索欲和求知欲。尽可能多地给孩子提供获取信息的渠道，满足孩子探索世界、绽放天性的需要。

（2）一定要理论和实践相结合。让孩子不仅仅满足于头脑的"知道"和知识的获取，还要在现实中多实践和体验，不要变成只会纸上谈兵的赵括。

（3）给孩子创造与他人交往的机会。比如参加各种兴趣班、训练营和研学营之类的，让孩子有机会认识更多"有学识、有本事"的大哥哥、大姐姐，建立属于自己的朋友圈，同时孩子的社交能力和沟通能力都会得到锻炼和提升，不然这类孩子容易变得孤僻、清高、不合群。

只有当真正接受孩子的独特性，允许孩子用最舒服的方式做自己时，父母才能越来越沉得住气。孩子举不举手、有没有同龄朋友这类小事就再也不会让父母分心耗神了。最重要的是，父母内心收获了一个智慧聪颖的孩子。

懂我的，不需要解释；不懂的，解释又有何用？伯牙子期，重在知己。

3. 孩子懂事得让人心疼怎么办？

你有过被孩子彻底感动的时候吗？有个妈妈非常自豪，她6岁的女儿白天会帮她一起整理房间、擦地和叠衣服，给她倒水、递纸巾，晚上会还给她准备洗脚水，等她洗好了，再把盆子拖到卫生间，把水倒掉，然后自己洗漱，关灯睡觉。这孩子是不是特别懂事？面对这样的孩子，你会不会被感动？会不会和这位妈妈一样感到自豪？

然而，很多了解这对母女的人，却觉得这个孩子特别可怜。

真相是，这个孩子从小就非常懂事，会主动帮妈妈做事，妈妈觉得孩子多锻炼也能培养孩子的独立性，没毛病啊！很多小事都让孩子去做，久而久之，她和女儿之间就变成了"妈妈越来越习惯发号施令，孩子要做的事情越来越多"。

孩子没有抗议，妈妈想当然地认为孩子能做并且喜欢做，并以此为荣，经常到处炫耀，唯独忘记了孩子只有6岁，就成了一个围绕大人转的"小大人"。孩子作为孩童的快乐和体验都被各种"应该"要做的琐事替代，别人看了都觉得这个孩子好可怜。

那么，孩子为什么喜欢做事，为什么不抗议，是什么原因让孩子变成这样呢？

（1）孩子用听话顺从的方式来获得父母的关注和认可，哪怕为此放弃自己的其他需求，对孩子来说，关注和认可比做不做自己更重要。

（2）孩子担心或害怕如果不按照父母的要求去做，会得不到他们的爱和认可，所以不敢反抗，更不敢有其他要求。

（3）父母缺少对孩子的同理心，缺少感同身受的共情能力，平时对孩子忽略太多。

如果孩子已经出现了以上情况，父母该怎么办呢？

（1）父母要用精神或物质的方式来充分表达对孩子的喜欢和爱、欣赏和关注。

（2）父母要尽可能多地满足孩子合理的需求，无论是物质还是精神上的。

（3）父母要引导孩子学会拒绝，学会表达自己的真实想法，学习身心合一地做自己。

4. 孩子把父母当空气不理不睬怎么办？

有位妈妈说，自己4岁的女儿把她当"空气"，每次见到她都爱搭不理的，也没有像其他小朋友一样，看见妈妈就很开心。最主要的是每天晚上把孩子从外婆家带回自己家，都已经变成了她和孩子之间的"战斗"，无论她用什么方法，孩子都会一直哭闹着不肯和她回家。为此，这位妈妈特别伤心，自己每天在外面打拼，孩子还这样对待自己，让这位妈妈都觉得"人间不值得"了。

显然，这位妈妈和孩子的亲子关系出现了问题，联系两个人之间的纽带断了。如果不调整，孩子越大，妈妈想要走进孩子的内心就会越难。如果孩子坚信妈妈不爱自己，那么对孩子未来的亲密关系也会造成严重的影响。

为什么才 4 岁的孩子就不理睬甚至不需要妈妈了呢？这类情况主要有以下 3 个原因。

（1）孩子和父母没有建立较强的依恋关系。孩子自幼就被其他人抚养或长时间不和父母在一起，孩子有被父母"抛弃"的感觉，内心抗拒，自然无法亲近。

（2）孩子对父母有心理阴影。孩子和父母在一起会有让他们害怕、紧张和不舒服的感觉，孩子的潜意识自动选择了趋利避害。

（3）孩子在用反依赖的方式表达自己的需要。孩子表面上拒绝父母的亲近，其实内心很渴望，只是他们也不知道怎么做才好。

没有父母愿意接受孩子把自己当空气，面对这样的情况，父母应该怎么办呢？分享给父母以下 3 个方法。

（1）创造和孩子独处的时间。放下手机和遥控器，全身心地陪伴孩子吃喝玩乐，让孩子觉得父母的"时间和人"都属于自己。孩子主要受情感脑支配，只要父母满足了他们的情感需求，他们就什么心事都没有了。

（2）接受孩子的情绪，用耐心和温暖去拥抱孩子。无论孩子怎么反抗、不理不睬和哭闹，父母都不要转身就走或大声呵斥。父母要允许孩子哭闹，同时陪伴在孩子身边，如果孩子不拒绝，就抱在怀里轻轻地抚摸他们，让他们哭，直到哭够停下来。

（3）反思过往对待孩子的方式方法，在说话方式、对孩子要求等方面是不是有需要调整和改变的地方，如果有，就有针对性地去做调整。

当父母按照以上方法去做时，就会发现与孩子的关系在不知不觉中有了微妙的改变，从不理不睬到若即若离，直到喜欢并依赖和需要。这个过程并不长，父母在帮助自己的同时，也为孩子营造了一个有爱的环境。

在孩子的世界里，最重要的应该是父母，不要让自己成为孩子世界里最不重要的人。

5. 孩子犹豫不决没主见怎么办？

孩子总是犹豫不决没主见，有错吗？孩子觉得没有，父母却觉得有。因为孩子经常在两难之间做选择的时候，表现出说话不痛快、做事不麻利、很纠结。就连吃什么、穿什么这类很稀松平常的事情，孩子也会左右为难。每当父母看到孩子问询的眼神、为难的表情和"拧巴"的样子时，会认为这个孩子没主见、不果断、没魄力，很为孩子着急。假如父母又是性子很急的人，看到孩子慢吞吞、不慌不忙的样子更是感觉像百爪挠心一样，火急火燎，恨不能替孩子做出决定。

其实生活中就有这么一类孩子，他们不愿意自己做决定，他们必须征求过最在意的一些人的意见或建议后才能下决心，甚至只有听取或顺应对方的意见后，他们才会觉得踏实和安心。

是什么原因让这类孩子这么在意别人的意见呢？主要原因有以下3点。

（1）这类孩子通常很在意和别人的关系，从小到大受母亲和女性抚养人影响比较大。他们心思细腻、感受性强，从小就非常会察言观色，为了得到妈妈的关注和爱护，几乎是唯妈妈马首是瞻、言听计从，时间长了，就变成了没有主见的孩子。

（2）这类孩子的生活环境中多有喜欢操控他们的人，总有人要求或命令他们"必须怎样""一定怎样"或"只能怎样"，而年幼的他们又无力抗争，几乎没有机会去坚持己见，久而久之，也就不再有主见和魄力了。

（3）这类孩子曾经因为坚持自己的意见付出过比较大的代价，比如被父母或老师惩罚过，那种被惩罚的感觉变成了"创伤性记忆"。为了不再重复过去的痛苦体验，孩子会主动规避做出选择的可能性，小心谨慎地征求和顺从他人的意见以保全自己。

也就是说，不是孩子没有主见，不是孩子选择困难，是父母没有满足孩子的情感需求，没有给孩子足够的尊重和允许。

为了培养孩子的独立性，让孩子更有魄力、更有勇气和自信，父母有必要针对这类孩子进行教育方式的调整或者提前规避孩子出现选择困难症，在此有以下3点建议。

（1）这类孩子特别害怕家人不管他们、不再理睬他们，因而父母或抚养人要多陪伴和用耐心对待孩子、多抚摸和拥抱，和孩子一起去面对发生的事情，千万不要动不动就不理睬孩子、嫌弃和厌烦孩子，不要把孩子推到一边。当孩子在父母的耐心和爱心中获得爱和支持时，就会学会如何面对选择，就有勇气做出选择或坚持自己。

（2）父母为孩子创造坚持自己想法的同时无须付出惨重代价的机会。父母要经常征求孩子的意见，在不违反原则的范围内，尽量让孩子按照自己的想法去做。假如孩子的选择是错的，要和孩子一起去总结和提升，而不是指责、谩骂和惩罚。慢慢地，孩子就会习惯于自己做选择和决定，也敢于面对各种结果及代价。

（3）如果有特别爱操控的父母，要尝试放下操控才行。当然，很多操控型的父母都有曾经被操控的经历和体验，建议父母们回想一下自己曾经被操控的体验和感受，也许能更容易放下这份操控。

有些父母觉得放下操控，不再替孩子做主，心里不踏实，担心和害怕孩子失控，这类父母有需要去面对的安全感问题和创伤印记，最好能通过辅导和疗愈，重获内在安全感。

当父母能够对号入座并按照上面的方法去调整时，就会发现孩子越来越愿意表达自己的想法，也越来越有主见、越来越自信和快乐。当看到孩子眼睛发光、发亮的样子时，相信父母会觉得一切付出都很值得。

每个人都有权利照顾好自己的人生，不能假手于他人，孩子也一样有这个权利，请父母允许和尊重。

6. 孩子太任性怎么办？

很多父母都遇到过这样的情况，孩子晚上一定要和父母一起睡，怎么劝都不听；还有不肯戴帽子、不肯穿外套、不肯刷牙、不肯洗头、不肯道歉等行为，无论怎么对待他，软硬兼施都没有用，他就是不妥协、不让步；有的孩子不仅不让步，还会用不吃饭、不说话等方式与父母进行长时间激烈的"博弈"，总之就是非常任性和固执己见。

很多父母在管和不管之间进退两难，为此非常矛盾和纠结，一方面深知孩子太乖、太听话不一定就是好事；另一方面，当孩子太任性和倔强时，又十分害怕，总担心如果不管教，会不会助长了孩子的任性，导致孩子变得越来越自我，长大后走上社会，会不会犯错、会不会吃任性的亏。

是什么样的原因导致父母这么患得患失呢？其实，之所以有这样的矛盾和纠结，主要有以下 4 个原因。

（1）没有规矩不成方圆，毕竟孩子的行为看上去是不合逻辑、不合常规的，它会引起父母的恐惧和不安。按照一些比较极端的说法，"孩子身上天生的任性，要尽早并且不惜一切代价地剪除"，否则长大后就会走偏、走歪。因此很多父母就会对孩子有很多消极的看法，觉得孩子不懂规矩，这不好、那不对。

（2）很多父母经常被身边人警告："不应该放任孩子，应该尽早教育他们，让他们听话，否则父母越让步孩子越任性，也越来越难安抚，最后孩子会控制父母，凌驾于父母之上。"父母也很担心，如果让孩子继续任性下去，将来在跟孩子的博弈过程中，会输掉自己当父母的尊严。

（3）父母很害怕因为自己的教育方式误导孩子。如果不管，孩子太任性，长大以后不懂规矩、一意孤行，不懂得遵守社会规则和法律，会应验了那句"今天你不教育孩子，未来社会会替你教育""今天你不为教育孩子付出努力，未来社会会让你的孩子付出代价"；如果管，又会扼杀孩子的天性和创造力，让孩子失去自主性和自我。

（4）父母内心有很多焦虑和恐惧，不仅仅是面对孩子的问题时会有，面对生活中很多不确定的事情时，他们也都会患得患失、矛盾纠结，而这和他们自身的成长经历有关。过去的他们，在坚持自己和听别人话之间，经常处于两难状态。

面对孩子的任性，父母到底管还是不管呢？

（1）父母要设想孩子任性背后的动机及意图是好的、是没有问题的，这样父母就不会戴着有色眼镜片面地看待"任性"。

（2）当孩子任性的时候，父母要允许自己停顿一下、慢一拍，观察孩子任性时发生了什么。比如孩子要和父母一起睡，可能是夜里做梦被吓着了，来寻求父母的保护和抚慰；孩子不肯戴帽子或穿外套，可能是帽子太紧了、衣服太勒了，他渴望父母发现并明白；孩子不说话、不吃饭，可能是用这种方式吸引父母的关注……

（3）看到孩子任性背后的需求是什么。针对孩子任性背后的需求和动机，有的放矢地去关爱孩子，给他们支持和帮助、给他们陪伴和爱护，当孩子的深层次需求被满足时，也就没有继续任性的欲望了。

当父母知道为什么和怎么做的时候，自然就放下了纠结和矛盾，也可以坦然地接受自己的各种想法。这时，父母再去看孩子的任性和倔强，就能在理解孩子的基础上，运用智慧的方式方法去面对和引导。

未来还是个未知数，教育和关爱孩子，要从当下开始。

7. 孩子只接受表扬不接受批评怎么办？

"对孩子一定要进行赏识教育，多表扬多鼓励，少批评少指责"，这些话父母们是不是经常听到？有的父母给了孩子很多表扬和鼓励，却发现这些方法一开始有效，时间久了毫无效果，甚至有反作用。当父母不再表扬、夸奖孩子的时候，孩子会哭会闹、不接受批评，反而讨要表扬，对不对？

这种情况可以理解为"表扬疲软症"，属于表扬的副作用。严格地说，是父母们过去的表扬并没有发挥长久有效的正面作用。

"表扬疲软症"的根本原因在于父母错误地认为表扬和鼓励就是"夸孩子"、就是"赞美"孩子，所以"你太棒了""你太聪明了""你真了不起"等话充斥着孩子生活的方方面面，导致"赞美满天飞"，孩子根本无法客观地看待自己。久而久之，孩子的虚荣心越来越强，越来越说不得，越来越接受不了批评。

那么父母们该怎么办呢？

（1）父母要知道"表扬无罪，方法有误"。给予孩子正向积极的肯定和认可，对孩子自信心的培养、自我价值的提升有着重要的作用，而代表力量和阳刚的父亲对孩子的一句肯定的话在孩子心中的分量更重。

（2）表扬的目的要明确。表扬不仅仅是说好听的话，也不仅仅是给孩子贴一个正向的标签；表扬是给予孩子肯定和认可，让孩子增强自信心，而不是助长虚荣心；表扬是为了提升孩子的自尊和自爱，而不是让孩子骄傲自满。

（3）表扬要讲究方式方法，在此分享以下 3 个方法。

①表扬要具体。表扬要落实到孩子日常需要提升或表现得非常棒的地

方，具体到表扬孩子的行为、性格、表达、情绪或者动机，比如"宝贝你好了不起啊"这句就比较笼统，换成"宝贝，今天闹钟一响你就自觉起床了，你真了不起啊"就比较具体了，这样做是让表扬变成对孩子行为表现的正面强化。

②表扬要有事实依据，不可以随意编造或"套大帽子"。因为随意编造和"套大帽子"并不能引起孩子感受上的共鸣，也不能给孩子的改变和提升起到正面强化效果。比如表扬姐姐很棒，要说明白，"你今天和弟弟一起玩，不仅帮弟弟拿水杯，弟弟哭的时候还把弟弟哄好了，你这个姐姐做得真棒！"

③表扬要针对本人。赞美满天飞的最大问题就是"表扬的话"放之四海，每个人都能用，这些语言缺少针对性，不能聚焦在当事人身上。久而久之，孩子到处都能听到类似的话，也就形成了对表扬的"抗体"，表扬发挥的作用越来越小。

表扬要"针对本人"是要让孩子看到自身真正表现好、值得认可的地方。而这一类的表扬放在其他孩子身上，就不一定准确。就像上面例子里面的"给弟弟拿水杯、哄弟弟"，这些都是专属于这个孩子的行为，孩子听到的时候才会被触动，正面强化的作用才能发挥。

以上 3 个角度、3 种方法，让表扬变得更接地气，只要父母能用心坚持，日积月累，就一定会看到孩子越来越愿意改变自己，表现也越来越突出，让父母欣赏和惊叹的特质也会越来越多。这一切都是父母努力付出取得的成果，是父母的功劳。同时，父母会因此被越来越多的人认可和肯定，孩子也会因此爱上表扬，被更多表扬滋养。

8. 孩子故意和大人作对怎么办？

4 岁以内孩子的父母一定看到过这样的场景：想让孩子快点吃饭，他们却故意把饭菜倒在地上；刚给孩子穿好衣服，他们却在大庭广众之下把衣服脱了个精光，光着小屁股、脚丫子到处跑；不让孩子去碰热水壶、不要把手指往插座里塞，结果孩子非但不听，还又咬人、又打人，甚至拳打脚踢、哭得歇斯底里几乎要背过气去……每当类似禁止孩子做什么，他们不听，反而大发雷霆的时候，父母都是一个头两个大，面对小家伙，手足无措，特别有挫败感。

其实，孩子之所以和大人做对、情绪崩溃，不是他们不可理喻，而是他们的神经系统还没有发育完全，还不会自我调节，更没有学会控制压力。这就需要父母先了解下孩子的大脑。

（1）情感脑，主要负责加工各种情感，控制身体的反应和功能，在孩子认为有危险时进行本能的、快速的反应，比如脸红、心跳、呼吸变化、体温变化、失眠或沉睡等。

（2）认知脑，主要职责是让人进行逻辑思考和分析，考虑一件事情中的好处和弊端，它控制着孩子动物性的冲动。比如在生气时会有攻击冲动，而认知脑可以控制这种冲动。婴幼儿在这方面的发展是不完全的，要在5岁以后，大脑才会发展出克服压力的方法。

（3）认知脑包裹着情感脑，情感脑可以关闭、屏蔽认知脑，甚至控制认知脑。

因此，当婴幼儿被大人禁止做一些事情的时候，他们处于压力状态，情感脑就会占上风，把代表理智和耐心的认知脑功能完全屏蔽，孩子完全被情感脑控制，就会发脾气、撒泼喊叫、打人骂人甚至完全失控。

父母应该怎样面对这种情况呢？以下3个认知很重要。

（1）充分理解孩子才能心平气和，见怪不怪。

1~4岁孩子大脑的自我调节功能在面对绝大多数压力的时候都是无能

为力的。大喊大叫、打人撒泼……这些其实能帮助孩子缓解压力。

（2）说服无效。

孩子在被父母禁止和指责时，认知脑处于暂停服务状态，他们是无法加工父母的语言的，因为语言也是由认知脑主管的，情感脑已经把它"锁死"了，这个时候父母的说服也就没有了任何作用，甚至会导致孩子拒绝父母的身体接触，远离父母。

（3）非语言沟通是最佳方式。

1~4岁是孩子学习控制压力的最关键时期，父母给予关心和帮助十分重要。父母的任务就是在"过度看护"和"不闻不问"之间找平衡，父母要多通过表情、身体姿态、语调等"非语言沟通"来安慰孩子，情感脑可以接收并理解这些信息。

当父母能够理解孩子为什么这样，也知道如何去面对时，孩子就会被父母的关怀和爱滋养。孩子在父母的陪伴下走过1~4岁的自立期后，不再依赖外部的帮助，就可以自我调节压力、学会控制压力了。

没有共同体验就没有共同感受，多换位思考，父母也需要懂得为什么才行。

9. 孩子总控制不住打人怎么办?

一位家有二胎的妈妈说，她经常面对4岁的老大欺负2岁多的老二，或者老二"碾压"老大的情景。最主要的是，两个孩子动起手来是真的打，毫无顾忌，每次都吓得她心惊肉跳；而且两个孩子都喜欢告状，都觉得是对方的错，她每次都不能不管、管了又没有用……作为一个失败的"家庭纠纷调解员"，她每天被折磨得焦头烂额，快要崩溃了。

这样的情况不仅这位妈妈会遇到，在很多多子女的家庭中都会有，只是程度和频次有所不同而已。

今天重点分析一下4岁以内孩子的这种情况：一个经常打人或咬人的孩子，并不是因为他们喜欢让别人痛苦才这么做，真正的原因是他们无法控制自己的冲动。

孩子之所以打人咬人，还毫无顾忌，原因有以下4点。

（1）4岁以内孩子的内部神经控制机制还没有发育完全。这个神经控制机制要在6岁以后才能成熟，它会在棘手的情况下控制局面、做出评估，决定是否采取行动以及采取什么样的行动。

（2）当孩子受到攻击时会产生冲动，孩子年龄太小，大脑缺少相应的前提条件叫停或减轻这个冲动。

（3）孩子没有能力进行"视角转换"，也就是换位思考，他们既无法预知，也做不到设身处地地想象打人咬人之后被攻击者会出现什么情况。

（4）孩子大脑里还没有存储打人后果的经验。

作为父母，针对孩子打人咬人的行为，应该怎么做呢？

（1）延迟满足。这个要在孩子2岁之后就开始训练，通过延迟满足的训练，让孩子慢慢习得自我控制的能力。

（2）父母陪伴。4岁以内孩子的情感脑以需求为主，父母非语言的陪伴和沟通会给孩子带来安慰和安全感。

（3）创造机会。让孩子在生活中学习等待、学会克制自己，配合神经控制机制的发育，让孩子逐步拥有控制自己行为的能力。

10. 孩子总是夜里哭闹怎么办？

作为父母，大多都有过这样的经历：孩子睡梦中会突然惊醒，然后大声喊叫、撒泼和哭闹，父母想抱他，他还不让；不理他，他哭喊得更厉害；问发生了什么，他又不说。即使父母使用各种方式安抚，他们也很难平静下来，最后在父母的怀抱里抽泣着又睡了。父母既不知道他们到底是做噩梦了，还是白天发生了什么事情，最后父母也没有睡好，事情也只能不了了之。

其实，孩子在进入睡眠状态的时候，大脑控制冲动的部分也是离线状态，像睡着了一样。当孩子在夜里惊醒时，这种发怒的冲动就会不受控制地完全发泄出来，情绪彻底爆发，孩子就会大声喊叫或撒泼。

孩子为什么会有发怒的冲动呢？一般有以下原因。

（1）孩子在生活中经历了打击或者遇到了让他们无能为力的情况，让他们感到愤怒或悲伤，这种情绪一触即发，比如孩子想看动画片却未被允许、想吃糖果被制止、想玩耍被限制时，都会有情绪，会发脾气。

（2）父母无法容忍孩子有不好的情绪、不能接受孩子发脾气，于是对孩子大喊大叫、厉声呵斥或指责，让孩子需要释放的情绪积压在体内。

（3）到了夜里，控制孩子冲动的大脑功能离线，导致孩子白天压抑忍吞的情绪彻底爆发，就会无法控制地哭叫或撒泼。

知道了原因，父母应对就非常容易了，以下两步足够。

（1）保持距离。夜里惊醒的孩子在发脾气时通常不愿意做亲昵的动作，更不愿意进行语言交流，甚至他们自己都不知道自己想要什么，也不清楚想让父母做什么。这个时候，父母只要保持距离，坐在旁边看着他、陪着他就可以。孩子如果想说，父母听就可以了。

（2）允许孩子释放情绪。如果孩子允许，父母可以抱着孩子，带着同理心听孩子的哭喊，给孩子足够的时间，让他们去摆脱情绪，直到平静下来。通常需要半个小时甚至更长的时间，虽然父母也会精疲力竭，但是无论如何都要有耐心，只要孩子平静了，也就意味着白天被孩子"吞"下去的情绪都被释放出去了。

任何情绪都需要一个出口，白天不行，那就晚上。父母要从管理自己的情绪开始，不成为他人负面情绪的制造者。

当父母理解并按照以上方法去做时，就会看到孩子的睡眠质量越来越好，而父母也在这个过程中，调整并改变了对孩子情绪的态度，孩子越来越开心就是最好的见证。

11. 孩子经常咬人、掐人怎么办？

我曾经被一个3岁的女孩上了一课，她妈妈找我咨询这个小女孩的事情。小家伙长得很可爱，我抱她，她也不拒绝，不料在说话过程中，小家伙的小手狠狠地掐了一下我的脸，是真的疼啊！我惊讶地伸出手把她的小手按住，小女孩低头毫不犹豫地张口就咬到了我的胳膊上，她妈妈急忙把孩子抱过去，结果小家伙也毫不客气，按住妈妈的手臂就是一口，疼得她妈妈直咧嘴，我的天啊！这是一言不和就"动手/口"的节奏啊！她妈妈讪讪地说，这个孩子平时话不多，不管高兴不高兴都喜欢咬人或掐人，甚至还会咬自己的胳膊，家里人也不知道为什么会这样。

其实，孩子二话不说就咬人、掐人、打人、推人，只是他们使用的表达方式而已。

为什么这么说呢，有以下3个原因。

（1）当孩子遇到的情况超出他们的沟通能力，他们用语言不能充分表达自己时，就会自动启用非语言的方式来表达自己的感受和需要，比如咬人、掐人、打人、推人，当他们看到被咬的一方有反应时，还会觉得挺有意思的。

（2）孩子年龄小，还没有能力设身处地地为别人着想，无法通过别人的视角来考虑问题，更不能真切地想象到对方被咬之后是什么感觉。

（3）孩子的神经控制机制还不成熟和完善，不能自主控制自己的行为。

知道孩子不是故意伤人，父母应该怎么做才好呢？

（1）不责备、不贴标签，理解孩子的无能为力，理解孩子不是故意的。他们不能控制自己的冲动，也不能体会父母的感受。

（2）给孩子观察学习的机会和时间，让他们去模仿、尝试，直到找到适合自己的表达方式。

（3）在生活中去引导或示范，帮助孩子找到替代的行为，比如用拉手、拍肩、拥抱、跺脚、打沙袋替代咬人、掐人、打人、推人这些行为。

（4）当孩子与其他人互动时，父母要教孩子去对话，让孩子"借势"学习如何用语言表达，学会与他人沟通的正确方法。

第三节　与孩子能力有关的问题

1. 孩子缺乏安全感怎么办？

一位妈妈说，她女儿这学期要住校了，距离开学还有 1 个多月，孩子就已经哭了好多次了，并反复强调不想住校、不想和爸爸妈妈分开。可是她家的情况，如果孩子不去住校，家里很多事情就无法开展，这件事搞得她现在左右为难、焦头烂额，不知道如何是好。

孩子之所以出现这种情况，表面上是不想住校，其实是她安全感不足的心理被启动了。

孩子安全感不足一般会有以下 7 点明显的表现。

（1）分离焦虑，一旦离开熟悉的人或群体就会很伤心很痛苦。

（2）"人来疯"，表现欲望强，一旦被忽视就会大哭大闹；反之则恐惧社交、沉默内向和行为孤僻。

（3）经常咬手指或指甲，还有抠嘴唇，抠鼻子，拔头发，习惯性搓手、抖腿、失眠等情况。

（4）必须有依恋物（陪伴多年的毛巾、被子、衣服或玩偶）在身边才能入睡或安心。

（5）对陌生环境适应能力差，害怕在公共场合讲话、不敢表达真实想法、不会拒绝别人、容易被骗。

（6）各种怕，比如怕黑、怕一个人独处、怕各种小动物、恐高。

（7）强迫性的行为：反复地洗手、关门、开关灯、检查、提醒、嘱咐、确认等。

为什么说这个孩子安全感不足呢？因为安全感是对他人是否值得信任以及面对事情时个人掌控感的判断，这个孩子面对马上住校这件事，有了极强的不信任感和失控感，所以才不敢面对。

为什么有的人会安全感不足呢？安全感是每个人的基本需求，安全感是否充足和父母的养育和教育有关，与孩子的成长环境和经历有关，究其原因，要针对每个人的具体情况去分析。

安全感是孩子的基本需求，会影响孩子以后身心的健康。马斯洛认为：安全感是决定心理健康最重要的因素之一，甚至可以被看作是心理健康的同义词。

父母要想让孩子获得安全感，必须要做对3件事。

（1）和孩子建立牢不可破的依恋关系。简单地说，就是任何时候都要让孩子感觉到父母的不离不弃，让孩子坚信父母永远是可以依靠的臂膀。尤其是在孩子犯了错误或寻求帮助以及遇到问题和困难的时候，父母坚定不移的陪伴和支持很关键，孩子越小，这种不离不弃越重要。

（2）放弃所有让孩子觉得会"恩断义绝"的言辞。父母切记不再对孩子说"我不要你了，不喜欢你了，早知不该生你，你再这样我不爱你了，你还不如死了算了，是人都比你强"等这类扼杀孩子安全感的话。

（3）培养孩子的自信心和独立性。任何方面的安全感，归根结底都无法外求，唯有内在力量足够强的人，安全感才能充足。增加孩子的内在力量，才是解决这个问题的根本之道。父母要有意识并有针对性地培养孩子的独立性，让孩子多行动、多在实践中锻炼，从而建立起对自己发自内心的信任。

倘若孩子已经因为安全感不足出现了非常强烈的情绪反应和躯体障碍，父母要及时求助专业的心理咨询辅导老师，针对导致孩子严重缺乏安全感的问题做相应的处理。

当父母能够按照上述方法去做时，就会惊喜地发现，孩子说话做事会越来越有底气，面对问题和困难时也会越来越有勇气。当孩子觉得"我什么都可以尝试，我什么也不怕"时，父母为他们做的一切也就值得了。

唯有安全感充足的父母才能培养出安全感充足的孩子，因此，父母自身提升安全感也同样重要。

2. 孩子缺少自信心怎么办？

有个小女孩，各方面表现都特别出色，一直是父母和老师们津津乐道的好孩子。可谁也没想到她会突然得了厌食症，吃什么都会吐，虽然经过医院治疗后有所改善，但停药后没多久却再次复发。

后来父母在医生的建议下把孩子带来做一对一辅导，所幸辅导后孩子的状况很快有了好转，征得小女孩同意，父母才知道孩子得厌食症的原因竟然是孩子觉得自己这也不行、那也不好，而周围所有人都觉得她非常优秀，这使她无法承受内心世界和外在评价之间的落差，长期处于焦虑和紧张的情绪中，既怕周围人发现她其实没有那么好，又很期待自己的不足和缺点能早点曝光、被人发现。久而久之，身体承受不住，就出现了厌食症。

这个小女孩自身条件很好，但在她自己的眼中，却有很多不足，觉得自己还有不会的、还有做不到的、还有不如别人的，这是孩子自信心的缺失，是孩子底气不足、自我价值太低的表现。

孩子的自信心为什么会缺失呢？主要是 5 个原因所致。

（1）孩子从小得到的肯定、认可和欣赏太少。

（2）孩子从小遭到的否定、批评和打击太多。

（3）孩子在成长过程中受到创伤，被打击或受伤后，自我价值降低。

（4）孩子有操控型或溺爱型的父母，生活中得到锻炼的机会太少。

（5）孩子和父亲的连接有问题，没有在父亲身上得到足够的支持和力量。

针对孩子自信心缺失、自我价值过低的情况，父母要做些什么呢？建议从以下 7 步入手。

（1）给予孩子肯定、认可和欣赏。

（2）给孩子更多尝试和体验的机会，让孩子多做、多做到、多因做到而得到肯定。

（3）修复孩子成长过程中的创伤，疗愈孩子受伤的心灵。

（4）帮助孩子提升自我价值，让孩子变得自尊、自信和自爱。

（5）帮助孩子加强与父亲的连接，让孩子有机会和父亲在一起，学习父亲身上阳刚、有力量的部分，接受父亲欠缺的部分。

（6）教孩子学会言出必行，重承诺守信用。

（7）教孩子懂得量力而行、不硬撑、不逞强。

3. 孩子思维反应太慢怎么办?

有妈妈反馈孩子入学不久,就被老师友好地建议,让她带孩子去测下智商。原因是孩子在学校反应太慢了,遇到复杂些的事情或老师和他说话稍微快一些,他总是一脸困惑的样子,问他是否听懂了、是否理解了,他也是支支吾吾说不出个所以然。老师着急的同时,父母也备受打击,这类理解慢、思维反应慢的孩子,智商真的有问题吗?

其实,这类孩子中绝大多数智商都没有问题,他们之所以这样,只是因为他们的思维方式和别的孩子不一样而已。为什么这样说呢? 原因有以下 3 个方面。

（1）这类孩子的大脑思维逻辑是这样的: 我必须弄明白,才能说得出; 我只有真正理解了、懂了,才算弄明白。也就是说,我不仅要知其然,还要知其所以然,这两个角度我都理解了、都消化了,我才明白。

比如老师在讲"1+1=2"时,用了两支笔示范,同学们都明白了,他其实也明白了,同时他会快速联想到两个布娃娃相加是不是也等于 2 ? 1个胡萝卜和 1 个西红柿相加也是等于 2 吗? ……他的大脑沉浸在这个思维角度想"弄明白"的时候,老师已经开始讲其他内容了,等老师注意到他走神、提醒他的时候,他已经错过了新内容的学习。这也是他们"反应慢、理解慢"的由来。

（2）这类孩子遇到需要理解和需要思考的问题时,脑子里通常思绪纷繁、各种信息在整合,这个时候他们的焦点在于"想明白",整个人完全沉浸在自己的思考中,无法关注周围的人在做什么,别人问他们话的时候,他们给人的感觉就是"呆呆的""笨笨的""一脸困惑"的样子,不了解他们的人,就以为他们没有听明白、反应慢,时间长了,自然会怀疑他们智商有问题。

（3）这类孩子通常喜欢观察和思考，只要是他们感兴趣的人和事物，他们都能花很多时间和精力去"探索和研究"，甚至"打破砂锅问到底""不弄明白不罢休"，他们有时候会表现得非常安静，话不多、喜独处。如果不是遇到特别投缘的人，他们甚至不太合群，给人一种"形单影只、不善言辞"的孤僻感，这也导致了老师和同学们对他们产生"脑子有些问题，比较怪"的误解。

家有这类孩子，怎么培养才是因材施教？才是对孩子最好的教育呢？

（1）父母要理解这类孩子的思维方式，并予以接纳和认可，每个孩子都是独一无二的、都有自己的独特性，如果孩子经常被误会，又没有机会解释，久而久之，就会变得越来越沉默，性格也会变得内向孤僻。

（2）父母要给孩子足够多的思考和理解问题的时间，必要时要不厌其烦地多讲几遍、要多问问孩子的想法，顺着孩子的思维逻辑去理解他们思考的点，而不是反复追问孩子有没有听懂或者只关注孩子有没有跟上节奏。

（3）当这类孩子需要去理解或面对比较复杂的难题时，要培养孩子养成"提前预习、事后复习"的学习习惯，因为这类孩子通常是"一点不通，全都不通"，如果能想明白、完全理解了，则一通百通，举一反三的能力非常强。"预习"是给他们提前思考和理解的时间，"复习"是给他们融会贯通、举一反三的时间。

只要父母能够掌握并按照以上方法去培养孩子，很快就会惊喜地发现，孩子不仅智商没有问题，理解和想明白问题的时间也会越来越短，甚至会被老师和同学们评价说他们"脑瓜好得不得了"，有的还会被冠以"学霸"之称。

"横看成岭侧成峰，远近高低各不同"，不同的视角带来不同的结果。看待孩子的表现也是一样，需要父母有一双慧眼去识别。

4. 孩子缺少养成教育，没有好习惯怎么办？

有些父母可能经历过特别郁闷和抓狂的时刻，比如幼儿园组织家长开放日，你隔着窗子看到小朋友们在吃饭，其他小朋友都吃完了，你的孩子却还没有吃完；其他小朋友上课的时候都能跟上老师的节奏，而你家孩子却一个人离开"集体"，跑去了教室后面的玩具区；一群小朋友在校园内爬上爬下，欢快的声音此起彼伏，而你家孩子却"形单影只"，正奋力地和爬不上去的地方"作斗争"……这些场景是不是很熟悉啊？

估计父母们也意识到了，自己的孩子和其他孩子相比，有些不一样，而这些不一样，有可能让人很郁闷，甚至很抓狂；也许还会让父母觉得孩子表现不好，替孩子着急。

孩子之所以有这样的表现，归根结底是父母没有做好养成教育，没有培养出对孩子一生都至关重要的 3 个好习惯。

为什么这样说呢，主要原因有以下 3 点。

（1）孩子的养成教育越早越好。孩子对世界的认知和人类行为的学习过程，都是从无到有的过程。他们就像一张白纸一样，在没有自主能力的婴幼儿时期，变成什么样子完全取决于父母，而这些认知和行为学习的结果，又会影响他们的一生，所以养成教育越早越好。

（2）教育家乌申斯基曾经说过："如果你养成了好的习惯，一辈子都享不尽它给你带来的利息；如果你养成了坏的习惯，一辈子都在偿还无尽的债务。"孩子的坏习惯 80% 都是在家里养成的，而好习惯则能帮助孩子建立高度的自我价值。

（3）很多家里不舍得或不放心孩子自己照顾自己，也接受不了孩子从不会到会的学习过程，性子急的父母通常会包办代替，这也导致孩子动手能力非常差、适应能力也非常弱。父母要想一想，当孩子上了幼儿园后，这也不会、那也不行，而其他小朋友都可以做到的时候，孩子的自信心和自尊心会受到怎样的打击？一旦"我不行、我不会、我不如别人"的想法根植于孩子大脑中，孩子只会变得越来越退缩和不自信。

父母要培养的影响孩子一生的3个重要习惯都是什么呢？

（1）生活习惯（自我管理的习惯）。吃喝拉撒睡、站立行走卧、穿衣置物、收纳摆放等，这些生活必备的技能和习惯是孩子在进入幼儿园之前就要具备的，父母可以用示范、引导等方式，让孩子逐渐养成自我生活管理的习惯。

（2）学习习惯。这里的学习，不是狭义上文化知识的学习，而是指学习能力，也就是要养成孩子自主学习、主动学习的习惯，培养孩子的学习能力，如何吃饭、如何洗漱、如何穿衣、如何收拾玩具……孩子每一天都有无数次学习的机会，父母要因势利导，让孩子用探索的方式去参与这个过程，拓展孩子的思维和认知，提升孩子面对新生事物时的学习能力，养成爱学习的好习惯。

（3）人际交往习惯。良好的人际交往习惯可以让孩子轻松而快速地融入一个新环境，也能增强孩子的适应能力。父母要有意识地创造和提供孩子人际交往的机会，小到认识一个新伙伴、和商场导购小姐姐要一个气球，大到在群体活动中参与组织或支持其他成员。很多孩子的组织能力和领导能力、公关能力都是这样慢慢培养的，父母如果不想孩子没有朋友、总得罪人、惹人嫌或者社交退缩、社交恐惧的话，在进入幼儿园之前，就培养孩子人际交往的习惯吧！

试想，当孩子有着好的生活习惯、好的学习习惯、好的人际交往习惯时，作为父母还担心他们不能照顾好自己吗？还担心他们学不好，担心他们没朋友，被欺负吗？

"不积跬步，无以至千里；不积小流，无以成江海"，从量变到质变，是一个过程，父母就从帮助孩子培养 3 个好习惯的养成教育开始努力吧。

5. 为什么孩子 7 岁前最好不要和父母分开？

有位母亲说孩子的新学校要求统一住宿，家长觉得这是锻炼孩子的好机会，就满心欢喜地送孩子去了学校。结果还不到一周，孩子就打电话大哭，要求回家里住，父母没有答应，让孩子再适应一下，结果等周五晚上孩子回到家，父母发现孩子的手一直不由自主地在抖。周日要返校的时候，孩子竟然脸色煞白，不仅手抖，连呼吸都是急促的，非常吓人。父母没有再勉强孩子，同时也不知道接下来到底怎么办才好。

像这样怕和爸妈分开、不想去住校的孩子，通常都有分离焦虑。

分离焦虑是什么呢？简单说，就是因为分离或要分离而产生的焦虑状况。偶尔出现属于正常情况，如果涉及与分离相关而出现条件反射性的焦虑、紧张和不安，父母就必须要引起重视。比如怕离别、怕和朋友分手、怕聚会解散、怕别人不喜欢自己等。因为要分离所导致的紧张和忐忑、心慌、气短、手抖、哭泣，这些都是分离焦虑的表现。

分离焦虑是怎么产生的呢？除了极其特殊的应激创伤，绝大多数都是因为孩子们在婴幼儿时期和父母有过或长或短的分离，包括由老人带大、寄宿在外、被送养，甚至在孩子不知情的情况下父母突然出差或离开，这些都会导致孩子产生分离焦虑。

分离焦虑会给孩子带来哪些影响呢？主要有以下 3 点。

（1）因为害怕分离，所以总是会去讨好、迎合和迁就别人，怕因为自己的表现导致分离情况的出现。

（2）因为害怕分离，所以情绪化、过于敏感，很在乎身边人的态度，很容易受他人影响，情绪波动比较大。

（3）因为害怕分离，所以明知对错，却无法坚持自己、无法坚持原则，容易无底线地纵容他人、伤害自己。

要怎样才能消除这类分离焦虑呢？很遗憾，如果出现像上述孩子的情况，就已经属于创伤状态，单纯靠父母的关爱和陪伴已经不足以帮助孩子缓解焦虑，这时候需要专业老师从 4 个角度去着手咨询和辅导才能完成，包括但不限于拥抱内心世界、分离创伤修复、重建自我、重塑信念等。

专业的事交给专业的人，当父母遇到自己无法解决的问题时，要学会寻求帮助。

第四节　与父母教育有关的问题

1. 越对"熊孩子"说不，他越不听怎么办？

父母明明说的是"宝贝，不要把东西丢进马桶""宝贝，垃圾桶不干净，别乱翻""宝贝，乖孩子不会随地小便，不文明"……父母自认为已经说得很清楚了，结果孩子还是把娃娃扔进马桶洗澡；把垃圾桶倒扣在地上翻个底朝天；在客厅小便后还笑眯眯地看着父母，像宣战一样。很多时候父母都非常抓狂，嗓门变大、动作变快、生气、发火……可是孩子们看着父母发火，除了惊讶外，好像还感觉故意对着干很好玩，继续没心没肺地搞破坏。很多父母经常和孩子陷入"你在闹，我在跳"的循环之中，苦不堪言。

其实，这类情况通常发生在孩子 2 岁之前，因为 2 岁左右孩子的大脑还没有学会加工句子中的"不"和"别"字，也不知道它们的确切含义，这两个词就会在大脑中被当作不重要的信息过滤掉。比如"别放"，他们只听到了"放"；"不要乱跑"，他们也只记住了"跑"。

对于 2 岁以内的孩子，父母应该怎么去做呢？做好以下两点，就是对孩子最好的引导。

（1）如果涉及危险，父母第一时间不应该是制止或使用语言，而是把孩子从危险的场景中抱走；如果孩子正在做的事情可能会危害别人，父母也是要第一时间让孩子停下来。孩子和周围人的安全永远要放在第一位。

（2）要给孩子提供一个少说或不说"不"、多说"是"的环境，多说正面词语。如果父母一时改不了语言习惯，至少要做到说完"不"之后，再补充说出"是"的内容和要求。比如，"不要乱扔玩具，把玩具放回到箱子里。"任何语言都是有魔力的，父母从自身做起，给孩子一个正能量的语言环境。

2. 如何让孩子从"不会"到"会"？

"宝宝，你不要这样做""宝宝，你要这样才行""宝宝，这样不对""宝宝，妈妈不是教过你吗，你怎么又不会了？"……类似的话是不是经常听父母说？在看到孩子们笨手笨脚、越做越错的时候，父母恨不得变成"超人"去代替孩子，抑或是给孩子换个脑子，只为能让他和自己同频。

我们能理解父母希望自己孩子什么都能做、做什么都能做好的心情，但是如果没有科学的引导方法，孩子又不属于特别灵光的类型，父母就是孙悟空也无可奈何。孩子能力的培养需要科学的方法，在此给父母朋友分享一个 5 步法，每次只需要 5 步，就可以让孩轻而易举地"从不会到会"，尤其是针对低龄孩子学习能力的培养，特别有效。

（1）我说你听。父母把孩子为什么做、要如何做，用孩子听得懂的话，详细耐心地说给孩子听。

（2）你说我听。孩子听完后，要求他们复述给父母听。父母在聆听孩子复述的过程中，了解孩子是否理解、理解是否有偏差。如果不理解或有偏差，就针对具体的点再次说给孩子听，然后重复上述步骤，让孩子说给父母听。

这两个步骤不仅能锻炼孩子的聆听能力和理解能力，也能让孩子学习如何做聆听反馈。说不清楚做不到，说不明白做不好，孩子只有说清楚了，才是真正理解吸收了，这个过程只需训练几次，孩子的领悟能力和学习效率就会越来越高。

（3）我做你看。父母要把具体如何去做示范给孩子看。为了让孩子更好地理解和吸收，示范过程要足够清晰，可以一边重复之前说的一边进行演示，要注意节奏，不要过快。

（4）你做我看。当父母示范完毕时，就让孩子做给父母看。在孩子操作的过程中，父母要用心观察，确认孩子做得是否正确和是否符合要求，是否有需要调整或修正的地方。如果有，就进行针对性指导并强化。

这一步是为了锻炼孩子理解后的应用操作能力。人类对世界的认识都是从模仿开始的，孩子也不例外。这个模仿的过程，也是孩子从认知到实践的过程。如果经常这样训练，孩子就不会眼高手低、纸上谈兵，最主要的是，孩子会变得更务实、稳重且更注重实践。

（5）你去做吧。当孩子顺利地通过父母"你说我听，你做我看"的考核时，就让孩子大胆地去做吧！

看似简单的 5 步，既创造了亲子互动的机会，又训练了孩子的聆听、理解和实践能力，还能让孩子举一反三，是不是很简单！

"纸上得来终觉浅，绝知此事要躬行。"培养孩子的能力，要从科学育儿开始。

3.培养孩子"自我"的 3 个重要时间段

孩子坚持自我，有错吗？当孩子不再听父母的话，一定要坚持要什么或不要什么，做什么或不做什么，甚至为此撒泼耍赖和父母作斗争的时候，父母应该选择妥协，被孩子拿捏住？还是硬起心肠拒绝，将"独裁"进行到底？

其实，孩子每个阶段的坚持，都是孩子内在"小小的自我"在觉醒和成长的时候，都是孩子寻找"自我"的过程。这个过程中，父母的引导和支持对孩子将来是否独立、自信起着决定性的作用。

孩子的自我有那么重要吗？当然。自我对孩子来说有以下 3 个方面的重要性。

（1）有自我的孩子才会有人际边界，才会懂得保护自己、尊重自己。

（2）有自我的孩子才会有独立性和自信心，才会有力量和勇气，敢于尝试。

（3）有自我的孩子才能被人尊重，才能处理好人际关系，懂拒绝、不妥协。

孩子拥有自我还有很多作用，所以父母要把握培养孩子自我的 3 个重要时间段，如果错过就会遗憾终生。

（1）第一个阶段——孩子认识人（通常八九个月）的时候。

此时，父母就要有意识地让孩子区分"你、我、他"，比如关于衣服、玩具、碗筷、房间等，这是让孩子建立"你、我、他"认知和界限的开始。

（2）第二个阶段——孩子3岁左右的时候。

此时，孩子已经有了一定的主见，对自己的事情有了很明确的想法，开始进行"自我"的初尝试。只要不是伤天害理的事情，父母就要尽可能给孩子允许和支持，鼓励他们不断去尝试和体验，满足他们对"自我实现"的需求；在涉及一些重要的原则和底线的时候，父母也要坚守原则，让孩子懂得界限的重要性。

（3）第三个阶段——孩子10岁左右的时候。

此时，孩子已经有了明辨是非的能力，父母和老师在他们心里都不再是"神一样的存在"。他们有很多想法想去实现、想去验证。此时，就是强化孩子"自我"最关键的时候，父母要用欣赏的眼光，看待那个"不听你话，和你唱反调"的孩子，理解和允许他们去实践。在这个阶段，体验比对错更重要。

十二三岁以后，孩子对世界的认识已经有了一定的雏形，逐渐形成自己的"三观"。这个时候，父母如果再去改变和影响就会比较吃力，效果也是事倍功半。

孩子的教育不可逆，父母才是孩子能否成为独一无二个体的关键！

第五节　与父母情绪有关的问题

1. 父母经常吵架，对孩子的危害有多大？

如果你的孩子目睹了你和伴侣吵架，你会怎么办？有个孩子哭诉爸爸妈妈在开车途中吵架，开车的爸爸气愤地停车、又吼又骂、动手打妈妈，还让孩子去打他的妈妈，孩子不愿意，爸爸就抓着他的手去打妈妈，从此以后，只要爸爸妈妈说话声音大一点，孩子就会吓得大声尖叫、浑身哆嗦。

夫妻俩不分场合、不分时间地互相指责、谩骂，孩子会不知所措、进入应激反应中，有的孩子会战战兢兢地躲避，有的孩子会无助地大声哭泣，有的孩子去拉架、想去制止父母的争斗……在情绪中的父母当时可能完全没有顾及孩子的想法和感受，事后也没有对孩子表达重视和关怀，这将给孩子留下非常大的心理阴影。

有的夫妻情感出现问题，其中一方就会在孩子面前抱怨、指责、谩骂对方，甚至让孩子和自己一起对抗对方、不理睬对方，孩子夹在中间无所适从、左右为难。

父母经常在孩子面前吵架以及说伴侣坏话，可能会出现以下后果和影响。

（1）孩子会担心父母吵架和自己有关，如果父母婚姻出现问题，孩子甚至怀疑是自己造成的，总想尽己所能去帮助父母修复关系、去照顾弱势一方，从而导致孩子的身心都被困在原生家庭中，无法拥有真正属于自己的人生。

（2）夫妻吵架、与孩子说伴侣坏话，会严重影响孩子对家庭的信任。对孩子来说，家不是温暖的地方，也不是有爱的地方，他们很小就期待着能远离吵闹的家庭，长大后也不想建立自己的家庭。

（3）严重影响孩子对婚姻的认知。对这类孩子来说，婚姻不代表爱，也不代表温暖，所以长大之后的他们要么只恋爱不结婚，要么就是只要婚姻里一有风吹草动，就会很容易放弃和结束婚姻。

（4）严重影响孩子未来对待伴侣的方式。表面上，孩子不希望重蹈覆辙，想做和父母不一样的自己，但在潜意识里却复制了很多父母的模式，导致在婚姻中越来越像父母，尤其是自己不喜欢或不认可的那部分。

（5）严重影响孩子未来如何做父母。因为没有在自己的父母身上学习到如何做一个有爱、有力量的父亲或母亲，会导致孩子在为人父母后，把握不好亲子关系的尺度，要么和父母当年教育自己一样，要么完全相反，对孩子过度补偿和期待。

父母在这类事情上要把握的原则是什么呢？

（1）尽可能不要在孩子面前吵架，如果一定要吵架，也尽可能让孩子看到父母和好的样子。

（2）不要在孩子面前说伴侣的坏话，不要把夫妻之间的事情都告诉孩子，更不要怂恿孩子和伴侣作对。

（3）让孩子懂得父母的婚姻生活是属于大人的事情，和他们没有关系，他们只需要做好父母的孩子就行了。

家不是讲理的地方，家是讲爱的地方，家中没有对错，只有你情我愿。

2. 父母总担心孩子不爱自己怎么办？

当问孩子更爱爸爸还是妈妈时，孩子回答最爱的人不是自己的时候，有些父母的感受是失落、伤心甚至委屈心酸。这类父母要小心了，他们对孩子的在意，更多的不是爱孩子，而是需要孩子的爱。

这类父母对孩子的爱是一份投射，他们会把自己成长过程中缺失或没有得到的爱加倍给孩子，他们在爱孩子的同时也是在爱内心的自己，补偿过去内心没有得到爱的自己。

这类父母为什么会有这样的情况呢？主要有以下原因。

（1）这类父母自己的内心世界还没有完全长大，他们自身对爱和被重视的需求从小没有被满足，即便生理年龄已经成人，心理上还是一个缺爱的孩子。一旦为人父母，他们就会沉浸在孩子对自己的爱和需要中，不能自拔。

（2）这类父母在生活中缺少真正爱自己的人，包括夫妻之爱、朋友之爱，而孩子的爱单纯而真诚、不离不弃，这类父母就会贪恋这种感觉。

（3）这类父母在孩子身上补偿幼年时期曾经缺爱的自己。自己吃过的苦和受过的罪，都不想让孩子再去体验。当孩子说不爱自己的时候，这类父母的内心就会觉得非常委屈和受伤。

针对以上这种情况，父母应该怎么办呢？

（1）身份定位要清晰，在孩子面前随时提醒自己的身份，无论心理成熟与否。作为父母，要负起责任，应当给孩子无条件的爱，放下对孩子的期待。

（2）完成个人内心世界的成长和疗愈，释怀过去的委屈，这个可能需要专业辅导师的帮助。

（3）建立更多获得爱的渠道，填满内心缺爱的"黑洞"。

（4）学会心疼自己、爱自己、满足自己的身心需要，直到不再向外求爱。

每一位父亲或母亲都值得被爱，父母们要像爱孩子一样去爱自己。

3. 父母总会头脑发热、行为冲动怎么办？

春节期间，听一位当外科医生的朋友说，他家3岁的孩子把姐姐的钢珠误吞了8颗，大年夜被送到医院做了手术，导致一家人整个春节期间都在自责和煎熬中度过。这位朋友说每天看着可怜巴巴什么也不能吃的孩子，又心疼又生气，若不是孩子做了手术，他一定会痛痛快快地打孩子一顿。

父母们都有可能会遇到类似的情况，都是比较危急，甚至比较危险的，比如路上车多、车开得又快，偏巧孩子不听话地到处乱跑，抓也抓不住；比如孩子在游泳馆里非要去深水区，父母在泳池边怎么制止都不听；比如孩子偷偷吃了不能吃的东西差点出事；比如孩子爬到高处随时可能掉下来摔伤，还一副无所畏惧的样子……当这个时候，父母除了心里揪着，紧张害怕得要命，经常是冲动之下张嘴就骂、挥手就打，甚至有些父母因为过分担心，孩子明明没有遇到危险，自己却控制不住地对孩子又骂又打又吓，事后却又满是自责和后悔。

其实，父母都心知肚明，孩子不是故意对着干，大人也是因为关心孩子，没想到却弄巧成拙，让关心变成了另一种伤害。

真相是，当事情发生时，父母都是因为担心而导致头脑发热、无法理智分析，才彻底失控。

为了避免总是陷入这种失控—发怒打骂—自责的怪圈，也为了不再出现失控行为，既伤害了孩子，自己又后悔不迭，父母们一定要先了解自己为什么会头脑发热时失控，再学会遇到这样的情况该如何去处理。

（1）父母要了解自己为什么会头脑发热失控。当看到孩子处于危险境地的时候，父母大脑里的恐惧中心、压力中心以及植物性的刺激中心就被激活了，父母身体里就会产生一种特别具有攻击性的能量，父母的情感脑就占了上风，而认知脑几乎全部关闭了。在这个时候，父母的情绪就失控了，冲动之下才会有攻击性的语言或暴力行为。也就是说，父母的反应，是一个人正常的情绪反应。

（2）父母要对"冲动和失控"有客观的认识，然后才能抽离出来看自己的行为。父母之所以冲动和失控，身体里之所以有攻击性的能量，很多时候并不是由于当时的事情或者孩子的行为引起的，孩子的表现只是一个导火索，真正的原因是父母们的很多冲动都是在童年时期根植于大脑里的，是从小在与长辈的互动、与亲朋好友的互动中，想说不能说、想骂不能骂、想喊不能喊、想哭不能哭、想做不能做，情绪感受无处释放，就只能积压在身体里。在成人后，这样的负面情绪像个炸药包一样，一点就着。

父母们以后遇到以上这类情况怎么做比较好呢？其实很简单，从3个角度入手就可以了。

（1）给父母们分享一个"无暴力沟通"的方法，叫"沉默的自言自语"，就是在内心去经历自言自语的过程，不去压抑大脑的自动反应以及由此引起的冲动，让各种可怕的想法和指责辱骂等愤怒的言语只在头脑中产生，同时不对孩子说出责备的话。

具体怎么去做呢？父母要把孩子抱在怀里，不需要对他们说任何话，只是安静地抱着他们。同时，闭着眼睛去想象自己正在冲着孩子愤怒地大喊，想象自己正在对孩子说当下所有想说的话和做所有想做的事。而现实中，其实父母什么都没做，父母只是静静地把孩子抱在怀里，然后在静默中去想象这个过程，直到强烈的冲动在内心消失。在这个过程中，父母既没有伤害到孩子，又能让内在的冲动情绪得到缓冲和释放。

（2）父母要觉察到自己在情绪里，要随时保持抽离状态，让自己冷静和理智下来。如果父母的"冲动和失控"的确源于过去的情绪积压，暂时也没有什么好的办法把它消除，这就需要父母去克制这些冲动，内心不断暗示自己"我要冷静""我要理智"，努力不在孩子身上发泄怒火，让孩子免于挨打或受到语言的伤害。毕竟父母和孩子最大的不同就是父母的认知脑对于情绪有足够的控制能力。当父母意识到自己很冲动和要失控的时候，觉察是最好的办法。

（3）父母如果想去追本溯源地彻底根治这个问题，让自己做到"处事不惊、从容淡定"，就需要回到过去的经历中，去清理自己从小到大遇到的各种问题，如果父母自身没有相关能力，也没法"自救"，可以借助专业的辅导师，通过一对一的辅导来完成。

当父母了解并学会如何去处理这类情况的时候，父母就会变得越来越客观和冷静，内心也会更有力量和自信。在面对孩子的危机时，不仅能够做到理智处理，还能温暖陪伴。

"冲动是魔鬼"，请不要让"失控"来控制父母的人生，伤害孩子的一生。

4. 父母总是迁怒孩子，把孩子当出气筒怎么办？

为人父母的你有没有被孩子气得失控的时候？当愤怒来临的时候，怒火就像海啸一样袭来，几乎席卷一切、地动山摇，孩子在哭、父母在叫。等怒火平息后，面对一地鸡毛，父母又后悔不迭，捶胸顿足地想揍自己一顿，因为自己也搞不懂当时为什么大脑一片空白，就像发疯了一样。

表面上是孩子的所作所为引起了父母的怒火，其实真正的原因往往是父母自己在童年时期自我认知曾受到过伤害，而这些伤害暂时被压抑、被遗忘了。一旦被外界触动或引发，就会像炸药包一样爆炸。

从心理学的角度说，孩子们在 2 岁之前受到的伤害会直接被遗忘。那么，父母童年时受到了什么样的伤害呢？

最主要的伤害就是童年时期爱的缺失，以及让孩子不敢反抗的父母的不公平或侮辱性的对待，无处安放和化解的对抗情绪以及痛苦经验都会储存在身体里，如炸药包一样，成为"攻击性的记忆"，日后一旦被激发，就会以无比激烈的方式爆发。

为了不再迁怒孩子，不再让自己后悔不迭，作为父母应该怎么办呢？

以下 5 个要求，父母必须做到。

（1）放过孩子。孩子不应该成为父母"攻击性记忆"的宣泄对象，不应该承担父母记忆的创伤。

（2）放过自己。自己不是有意为之，也是情绪被激惹，身不由己，所以不要总是事后自我惩罚、内疚自责。作用力和反作用力是一样的，不要伤了孩子，又伤了自己。

（3）内心疗愈。学习关于内心疗愈的方法或者找专业人士做内心疗愈。面对过去，表达情感、释放情绪，消除"攻击性记忆"带来的影响。

（4）童年经历过比较严重的创伤或严重的爱缺失，需要找专业人士做一对一咨询辅导、清理疗愈。

（5）学习管理情绪的技巧，做情绪的主人。

动机和情绪都没有错，只是行为没有效果。从此时开始，对自己对孩子，都要接受、尊重和爱。

5. 如何摆脱"宝宝在哭，你在叫"的恶性循环?

你是那种受不了孩子哭个没完没了，很容易发怒的父母吗？比如孩子总是哭哭啼啼，甚至没原因地哭，你怎么安慰也无效；想丢下孩子走开，又觉得孩子太小，也不忍心扔下孩子不管，最后就变成了控制不住发脾气，哪怕在孩子生病时，都会大发雷霆，无法心平气和地面对孩子的哭闹。

在很多人眼中，觉得这样的父母不心疼孩子、没耐心、脾气大、不会做父母，其实这是作为父母心有余而力不足时的压力反应。作为父母，想帮孩子，也尽力了，却又改变不了现状；想放任不管，又因责任和各种理由无法做到，担心自己太冷酷。当不知所措的时候，更加想摆脱这种情绪，结果就会使大脑陷入一种战斗的行为程序，会变得激动、对孩子大发雷霆。

其实父母不是不心疼，不是不想耐心对孩子，只是无法理智和冷静，那么父母怎么做才能摆脱这种恶性循环呢？以下 5 个步骤让父母彻底走出怪圈。

（1）不要否定孩子的情绪。每个人都有情绪，孩子也不例外，如果频繁地否定孩子的情绪，会导致孩子压抑情感，不再相信自己的感觉，失去和自我的连接。

（2）接受孩子的哭闹。孩子是在用哭的方式寻求摆脱困境的方法，他们想表达自己的悲伤，想把痛苦发泄出来，在亲人那里获得支持和力量。

（3）放下帮助孩子的冲动。孩子只是在表达情绪，父母不需要过度呵护，很多时候孩子需要的是安慰和陪伴、是理解和允许，而不是帮助和指点。

（4）与孩子共渡难关。父母可以通过倾心交谈、关爱聆听的方式，让孩子体会到自己的痛苦对父母来说很重要。当孩子被鼓励、被安慰时，身体就会分泌幸福的激素，情绪压力也会随之消失。

（5）提升孩子的"复原力"。父母要让孩子通过生活中的坎坷和挫折，去成长和锻炼自己，提升"复原力"，更好地面对打击和不幸。

只要坚持按照以上5个步骤去做，父母和孩子之间"他哭你叫"的情况就会越来越少，孩子会越来越开心，父母也会越来越轻松，亲子间的关系也会越来越融洽。

孩子最大的幸福，就是有愿意为了他而去改变的父母，祝天下每一个孩子都幸福！

6. 父母总是人越多越容易对孩子大发雷霆怎么办？

有位妈妈说，她其实是个很温柔的人，在生小孩之前几乎没有和别人正面冲突过。可是在陪伴孩子的这几年，她却屡屡被孩子激怒，对孩子又打又骂又吼，经常很暴力，连她身边的人都说她对着孩子吼叫的时候像变了一个人。

我询问了情况，发现这位妈妈每次失控，都是在周围有人的情况下，比如孩子为了让她买玩具或零食，会当众大声哭喊撒泼，对她又踢又踹，她就会浑身发热、满头冒汗，恨不能钻到地缝里去，这时候再看到旁观者的眼神、听到他们的言语，她就直接失控了，彻底爆发，把所有的情绪都发泄到了孩子身上。

这位妈妈为什么会这样呢？有以下 3 个原因。

（1）父母作为孩子时，无法完全展示真实的自我，可能没有得到父母无条件的爱，导致终生都需要外部的肯定。

（2）父母作为孩子时，如果没有得到自己父母的肯定和接纳，就会产生自卑和自我怀疑，会对外部的肯定有依赖，会高度敏感，觉得要当好人，别人才喜欢。

（3）当父母身处周围有人的外部压力情境下，内部压力会被激起，为了在陌生人眼里保持美好形象，以求做别人眼中的"好人"，紧张的情绪就会变成过激反应，控制不住地发泄出来。

这类父母怎么做才可以避免这样的情况发生呢？有以下 3 个方面。

（1）父母要明白，孩子的行为只是自己怒气的激发者，而不是怒气产生的根本原因。

（2）父母要真诚地向孩子道歉，说出自己的感受，比如"我不该对你大吼大叫，对不起，我希望我没有这样做，我不想让别人觉得我不是个好妈妈，我很难受，所以没控制住自己，这是我的不对，和你没有关系"。

（3）父母平静后要对"压力情境"进行思考，再次体验当时的怒火，然后闭上眼睛，让思绪回到过去，回到自己的童年，和过去的自己对话，疗愈当时不被认可、不被爱的内心那个小小的自己。如果做不了，可以请专业的辅导老师进行一对一的咨询辅导。

亲爱的，外面的世界没有别人，只有你自己。照见自己，就是成长和改变。

附录1　家有孩子必看

当您的孩子有了"慢、闹、晃、怕、笨、动、厌、逆"这些状况：

（1）"慢"：说话慢、走路慢、反应慢。

（2）"闹"：爱哭、不睡觉、睡不着觉。

（3）"晃"：走路不稳、肩膀歪斜、易摔跤。

（4）"怕"：怕声音大、怕被人凶、怕黑、怕一个人。

（5）"笨"：不理解、不明白、不知道、不会。

（6）"动"：皱眉、挤眼、咧嘴、耸肩、发怪声（频繁出现）。

（7）"厌"：辍学、厌学、厌家、厌世。

（8）"逆"：叛逆、网瘾、暴力、抑郁。

……

看见即改变！

切勿因无知无畏而耽误孩子一生！

让我们用专业和爱，陪您面对并解决这些问题！

附录2　心累的妈妈必看

当您有这些情况时：

（1）为孩子的事情——心力交瘁。

（2）为夫妻的事情——一筹莫展。

（3）为爸妈的事情——有心无力。

（4）为感情的事情——焦头烂额。

（5）为工作的事情——进退两难。

（6）为身体的事情——痛不欲生。

（7）为过去的事情——耿耿于怀。

（8）为了所有人——唯独忘了自己！

……

记住，无论您内心多强大，您首先是个女人，其次才是母亲、妻子，您需要爱、需要被看见、需要保护和关怀、需要陪伴和支持、需要倾诉和理解……

我们会用爱和专业，陪您面对并跨越这一切！